滇缅边地摆夷的宗教仪式

田汝康 著
于翠艳 马硕 译校

复旦大学出版社

中译本序
胡守钧

一

自杨庆堃先生提出"制度性宗教"和"弥散性宗教"这对概念以来,中国的宗教研究逐渐形成了具有本土特点的研究范式。在引进西方宗教研究的概念、理论的基础上,众多学者对于本土宗教的"弥散性"做了深度发掘,逐渐形成了一种超越性的宗教研究理路,那就是以宗教的"弥散性"为核心的研究理路。宗教,尤其是中国的民间宗教,是中国社会不可分割的组成部分。宗教信仰的仪式、教义,以及宗教实践,无不体现出地方社会的经济、政治以及文化实践的内容。这是中国宗教之于国外宗教的特殊之处,也是中国宗教之"弥散性"值得更深入研究的原因所在。研究地方宗教活动,某种意义上回答了宗教在地方经济、政治、文化等方面扮演的角色问题。

二

《滇缅边地摆夷的宗教仪式》一书,以滇缅边地"摆"这一民间信仰的仪式为切入点,反映了该地区在现代化变迁当中不断发生变革的经济生活、社会结构和地区人民的文化心理。不难发现,以

"摆"这一信仰资源为纽带,作者为读者展现了当地复杂而有趣的社会共生系统,并对这一系统做出了深刻的文化诠释。以"摆"为核心,形成了滇缅边地耗资巨大的经济共生系统,它"加快了剩余财富的消耗,平衡了富人与穷人的地位",并由于其"消耗巨大",而在某种意义上对地方经济产生了激励作用。以"摆"为核心,形成了滇缅边地独特的政治共生系统。"摆"的信仰作为一种秩序,与地方社龄结构形成了紧密的互动关系。"做摆"的仪式结构,是地方政治权力、声望结构的反映。以"摆"为核心,形成了滇缅边地有趣的文化共生系统。"做摆"这一宗教仪式,成为一种文化资本,发挥了对摆夷社会的文化整合功能,并对个人心理起到了积极的调节作用。

三

田汝康先生采用民族志的研究方法,以一个人类学家敏锐的观察力和深厚的文化解读能力,为读者深描了滇缅边地围绕"摆"这一宗教仪式形成的人文文化生活。这种研究方式,不禁让人联想到格尔茨关于巴厘岛斗鸡的研究、马林诺夫斯基关于新几内亚库拉圈的研究,以及我国著名人类学家费孝通先生对江村经济的研究。同这些人类学历史上的经典研究一样,该书同样凭借丰富的田野资料、深刻的文化阐释,为读者展现了民间信仰同地方社会共生系统之间复杂而值得玩味的互动关系。

四

复旦大学社会学系始建于1925年,至今已九十余年。1952年因院系调整停办,文革结束后,拨乱反正,社会学系于1988年重建,田汝康先生被任命为首任社会学系主任。因此,这本著作的面世,让我格外欣喜,给我带来了新的感想和感触。我希望这本著作能够得到最广泛的关注和重视,也希望田先生的著作今后能更多地出版,以利于促进学术进步、社会发展。

是为序。

2016 年 6 月 26 日于兰花教师公寓

目 录

序 …………………………………………………………… 1

导言 ………………………………………………………… 1
第一章　引言 ……………………………………………… 3
第二章　大摆 ……………………………………………… 15
第三章　公摆 ……………………………………………… 44
第四章　其他有关超自然信仰的团体活动 ……………… 66
第五章　分析和比较 ……………………………………… 75
第六章　消耗和工作 ……………………………………… 89
第七章　社龄结构 ………………………………………… 118
第八章　个人的调节机制 ………………………………… 136
第九章　社会变化中的摆 ………………………………… 147

译者后记 …………………………………………………… 163

序

中国云南与缅甸北部交界处的崎岖山区素以生态和民族的复杂性著称。实际上,这两种复杂性是密不可分的。我们发现在高山地带居住着像克钦人、邦钦人、傈僳族等"部落"。这些"部落",耕种的是临时性的农田,社会组织是以血缘和婚姻关系为纽带的[1]。平坝及河谷地带则被更复杂的社会组织——"邦"占据着,这些"邦"大小不一,多以种植水稻为生。在中缅边界的"邦"中,以掸族最为有名,掸是缅语对这一地区操傣语者的称呼。尽管关于"部落"的人类学作品已相当广泛,但有关掸族的作品却很匮乏。因此,田汝康先生的这篇关于云南西南芒市摆夷的专著尤为受欢迎。

历史上的掸族名义上多是强大的内地政权、缅甸或泰国的附庸。但因为当地相对孤立,不易进入,他们实际上是相对自治的。在中国境内,忽必烈在13世纪建立的对边疆民族实行间接统治的土司制度加强了这种自治权。通常被称作土司(傣语:Cao Fa)的地方长官通过效忠与服务来确立自己的地位。但他们常常出于个

---

[1] E. R. Leach, *Political Systems of Highland Burma* (Cambridge, Mass.: Harvard University Press, 1954).

人意愿转换效忠的对象。因此,田先生写道,内地政府授予芒市(Mong Hkwan, Muang Khwan)土司"长官"的官职,对他在1442年对缅甸的战争中所做的工作表示认可。但到了1583年,当时的芒市"长官"因帮助缅甸攻打内地而被处死,代之以一位更顺从的土官。

尽管田先生以前学的是教育学、心理学和哲学,但在1940年,他获得了燕京大学—云南大学社会学实地调查工作站的资助,去调查云南边地的傣族社会。当时,半自治的、间接统治的土司制度仍然存在。不过,当地相对孤立、不易进入的问题已经解决了。抗日战争加强了内地和边地人民之间的政治、经济和军事联系,尤其是在支援中国运输物资的滇缅公路穿过包括芒市在内的傣族地区以后。也许正是由于联系的加强,使燕京大学—云南大学调查站愿意为田先生的研究出资。不过,他得到的资金有限,在选定芒市之前,他曾调查了几个地方。选择芒市的一个很重要的因素是他与当地的土司建立了极好的关系,土司对他的工作相当配合,而田先生也为土司提过建议,为其做过私人秘书工作。

尽管都称为掸,但是上千万的掸族操傣语者,却有不同的语言和习俗。汉族称芒市人为摆夷,在田先生的作品中,始终使用这个称呼。不过,他将摆夷等同于傣泐,傣泐是目前在泰国全境发现的一个群体,近几年来,Michael Moerman已对他们进行了研究[1]。在土司的建议和促成下,田先生选择了相对较大(232户1 482人)

---

[1] Michael Moerman, "Ethnic Identity in a Complex Civilization: Who are the Lue?" *American Anthropologist* 67(1965): 1215 – 1230; idem, *Agricultural Change and Peasant Choice in a Thai Village* (Berkeley: University of California Press, 1968).

且富裕的那木寨作为他调查的主要目标。那木寨位于芒市首府二十多公里处。田先生大概花了十二个月的时间来研究摆夷,不过他的调查是从1940年11月持续到1942年5月。

如出于研究目的,田先生是不能久居那木寨来直接深入观察寨民的日常及年事活动的,因而他采用了另外一种调查方法,一种与马林诺夫斯基(Malinowski)写特洛布里安岛民的库拉贸易圈(the Trobriand Islanders' Kula trade cycle)①类似的方法。田先生发现摆夷的活动差不多都围绕着一个他称之为"大摆"或摆的盛会,田先生将它们描述为"摆夷最重要的人生目标"。做摆需要个别家庭承诺献给寨里的佛寺大量供品。每年都有一些家庭做出同样的承诺,从而使得大摆得以成为一场经过精心筹划的、规模宏大的盛会。摆是个人或家庭为了自己的利益而发起的,因而田先生称之为私人的。不过,许多人花费大量时间和财物加入到做摆中来,这就使得与做摆有关的活动安排被扩展延伸了。田先生注意到,摆夷是把做摆和共享其好处联系在一起的。做摆是摆夷的最高追求。他们渴望做摆的念头并不会因为做过一次而停止。一个摆夷会在一生中尽他(或她)所能地做摆。因此,田先生写道:

> 作为局外人是很难理解摆在寨民眼中的地位的。他们渴望做摆,一旦做成了一次,他们又希望一而再、再而三地做下去,似乎永不满足⋯⋯至于旁观者,提到做摆,大家同样好像着了迷似的,乐意将日常工作扔下不管。在做摆的时候,土司

---

① B. Malinowski, *Argonauts of the Western Pacific* (New York: Dutton, 1922).

衙门的公务,实际上陷于停顿,原因是寨民忙于做摆,他们无暇也没有兴趣来理会这些公务。考虑到即将来临的仪式有这样不可思议的魔力,这样不可抵御的传染性,因而那木全村此时不想别的,也就根本不能视为反常。

做大摆需要先将做摆所用的器具和行头归拢起来。其中有些东西是最重要的。那些从缅甸千里迢迢运过来的大佛像就尤其受人偏爱。而且,户主或当地的工匠要制作献给寺庙的供品——法衣、枕头、佛伞、佛帐以及其他供品。此外,招待邻寨来观看、参与三天做摆的寨民所必需的酒菜也必须采集、预备好。做摆的直接受益者是被当地寺庙住持授予"巴嘎"称号的人。这个称号能使他自然获得同伴甚至是贵族的尊敬。摆夷也相信做大摆能确保他(和他的祖先)死后在天堂拥有较高的地位。连续做摆能获得更高的巴嘎称号,在天堂也会有更高的地位。田先生写道:

> 梦虽是虚幻的,不过伟大的事业,哪一件最初不肇始于渺茫的梦境?它指引着傣族青年男女安排各自将来的人生岁月,这一个似乎很空虚又似乎很实在的宝座却引诱住了每个摆夷,逼着他们劳劳碌碌在尘世中工作受苦。摆的鼓声虽则沉寂了,摆的欢宴虽则散场了,可是它抓住每个人的心头,它给每个人生活的动力。年轻小伙子在农田上劳作,姑娘们在深夜里刺绣,为的是摆。摆是他们人生的目标。摆永远在摆夷心中。

田先生接着探究了大摆在摆夷宗教生活中的地位,追寻它对摆夷生活其他方面的社会和心理影响。他对比了摆夷所谓的摆与其他非摆的"超自然信仰"的团体活动,用一种"民俗分类学"进行分析。另外,他的分析显示佛教不是摆夷宗教生活中的唯一元素,这个结论与对东南亚其他傣族的研究是一致的。譬如,摆夷也供奉那些开创村寨的神灵。仪式也相当复杂,包括在土司和贵族主持下杀牲祭祀整个芒市的守护神。田先生发现这些祭祀守护神的仪式与佛教仪式不同,两者是分开进行的。事实上,它们似乎与佛教正好相反。田先生认为这些仪式更带有"巫术"性质,而佛教则更多的是"信仰"。

田先生发现摆夷勤劳能干,土地又十分肥沃。尽管摆夷一年只播种一季,但田先生估计他们除了向土司交租外,生产的稻米完全可以应付两年的生活。实际上摆夷地区是非常富裕的,田先生感到疑惑的是为什么邻近的内地人不来侵占。他发现内地人把摆夷地区看作是疾病滋生的危险之地,因而不愿涉足。

田先生也被做大摆的巨大花费深深触动了。作为局外人可能会把摆看成是一种"明显的浪费"行为。实际上是由于摆夷地区相对难进入,他们的剩余产品没有市场销路,从而使得它们流进了大摆里。田先生认为对做大摆的普遍渴望是激励摆夷辛苦劳作,生产大量剩余产品的一个重要因素。他把摆夷做摆的作用与史蒂文森(Stevenson)描述的缅甸克钦的耕种临时农田者举办的"庆功宴"作了对比[①]。

[①] H. Stevenson, *Economics of the Central Chin Tribes* (Bombay: Times of India Press, 1943); see also A. T. Kirsch, *Feasting and Social Oscillation*, Data Paper #92 (Ithaca, N. Y.: Cornell Southeast Asia Program, 1972).

在摆夷中,做摆不仅仅是一个重要的生活动力,它更是摆夷生活的一个主要特色,贯穿了摆夷社会的各个方面。譬如,田先生注意到个人在做摆过程中的参与程度,以一种交错搭配的方式划定了个人在生命周期中所处的阶段。小孩和年轻的家长在做摆中相对不太活跃,主要作为参观者和客人而不是作为积极的参与者加入到做摆中来。但是,年轻人(小菩毛和小菩色)和年老的家长在做摆中担当着非常积极的角色。年轻人被指派去千里迢迢的地方请做摆的主要供品——佛像,并且在做摆聚餐中承担做饭和招待的任务。年老的家长们则是唯一能集中物力、财力来做摆的。

田先生也将摆与摆夷社会等级中存在的基本矛盾联系在一起。像众多的傣族社会一样,摆夷也被分成世袭阶层和平民阶层。世袭阶层包括土司家族以及其他贵族,而大部分人则属于平民阶层。这两个阶层之间的鸿沟是显而易见且不可逾越的。至少在理论上,土司拥有全部土地,平民在名义上仍旧是他的佃户。平民必须言行得体、遵守礼制,以此来表示对贵族的尊敬。他们须轮流为统治阶级服十天的劳役。田先生指出,做摆跨越了贵族与平民之间的鸿沟,缓和了他们之间的矛盾,并用一个共同的精神目标将他们联合在一起。一方面,统治阶级与平民一样希望做大摆,因而他们为这共同的信仰做出同样的承诺。(实际上据田先生调查,甚至村里的住持也希望做摆)另一方面,尽管通常情况下,平民必须通过"叩拜"的方式表示对贵族的尊敬,然而在做大摆时,土司及其亲属也必须向做摆的"叩拜"。从这种意义上讲,下层的地位得到了提升,平民与贵族之间通常的社会差别被削弱甚至反转。正如田先生所写:

因此做摆,除了为摆夷提供一个重要的激励外,还对芒市的经济活动产生了重要影响。它加快了剩余财富的消耗,平衡了富人与穷人的地位,甚至是在他们生前。最重要的是,它避免了由传统的社会差别可能引起的灾难性后果。摆的存在为稳固的社会系统提供了一个安全阀,使人们对经济利益的追求有了指导和监督,因为摆不仅鼓励社区的个人尽可能地去提高他们的生活水平,也使那些经济地位远在一般社会水平之上的人变得无害。不管一个人得到了多少,摆最终会使他失去全部。

在芒市的摆中,自始至终都可以发现经济活动的这种微妙平衡。

田先生关注的焦点是摆,摆是摆夷生活的中心,不过他的专著也为我们提供了大量有关四十年前摆夷的政治、经济以及村寨社会组织的情况。譬如,芒市土司的职位依靠长子继承制已在同一个家族流传了大约五百年,不过继承者太小时会由已故土司的兄弟来担任代理。贵族阶层实行多妻制,但土司的正妻须限定来自贵族。城区是由贵族统治的,贵族成员轮流在土司衙门供职。而村寨则是由有威望的平民领导。平民通常实行一夫一妻制,离婚相对容易,但通奸是会受到指责的。并且,相对而言,贵族的家族观念更强,与祖辈的联系较多,平民显然与他们的祖辈联系很少,每对夫妇都要有他们自己的独立住所。甚至有将家安在女方父母家附近的现象,这称为入赘,这个特点是其他傣族社会也具有的。在平民中,所有子女的继承权都是平等的。

很明显,每个村寨都是一个以寺庙①为中心的、自治的宗教群体。村寨也像政区一样,按教区组织起来,虽然两个区域可能并不完全一致。各个教区轮流承担寺庙的日常用度。除了住持②外,还有其他不同级别的和尚在寺庙服役,不过最终将只有一个副手会继承住持职位。在摆夷村寨生活中,更有趣的特色是所有的年轻人(小菩毛和小菩色)必须参加这样或那样的青年团体,各团体竞选出他们最满意的人选,最能干的男青年和最漂亮的女孩,作为他们的队长。每队由一男一女领导,通常是由在队里时间最长的未婚男女担任。这些青年团体的成员在做摆期间必须服役。

不过,还有几个问题田先生没有为我们解答。譬如,鉴于贵族的身份继承以及他们对多妻制的偏爱,还会有像暹罗的"降等袭爵"一样来确保贵族数量维持在一定范围以内的体制吗?虽然田先生认定摆夷的佛教属于小乘佛教传统,但我们还希望了解更多情况:当地寺庙如何吸纳僧众?为何当地明显缺少僧伽组织?

伴随着滇缅公路的修建,环境的改变如何影响了摆夷的生活,田先生用有关这方面的调查结束了他的专著。在田先生做调查的短时期内,当地与外界联系的加强,以及经济机会的增多,明显对摆夷的生活产生了一定的影响。由于有机会为内地生产产品,有了新的致富机会,土司和贵族至高无上的特权遭到削弱。土地更被看作一种经济来源,因为市场的扩大以及周边需求的增加,使得当地产品的销售变得更容易了。有的摆夷已利用有利条件种植两

---

① 田先生文中称"冢房"。——译者
② 田先生文中称"大佛爷"。——译者

季稻。同时,田先生认为环境的变化改变了摆夷对摆的态度。那些以前有意做摆的人,现在开始用这些资源来做新的经济投资。尽管他们并没有断绝心中的做摆情结,还通过行动传达出了更高的道德目的(例如出钱做"善事"),但田先生依然认为,摆夷对摆的态度发生了巨大的甚至是不可逆转的改变。

田先生这部专著的主要贡献是为我们提供了研究东南亚一个名不见经传的民族的人类学的材料。他的调查发生在一个战略转折的关键时期,当时摆夷正面临着可能改变他们社会秩序的强大力量,所以他的贡献特别重大。因此,田先生的专著既可以作为人类学著作,也可以作为史学著作来阅读。同时,它作为对少数民族聚居地中一个民族的报告,对东南亚学生的学习很有帮助。另外,它还可以用来将摆夷与高山上的邻族、这一地区的其他傣族或者与其他平坝的代表文化相比较。此外,它对研究宗教仪式与社会秩序其他方面怎样衔接,以及经济与价值如何相互影响也有帮助。因而它对整个人类学界都是有重要意义的。

为避免读者认为芒市的摆仅仅是远离现代文明的古风遗俗,田教授最近告诉我们,芒市的摆已于1985年秋大规模复苏,而在他四十五年前曾调查过的那木寨,可能也会发生类似的情况。

田先生最初以此文于1948年在伦敦政治经济学院获得了人类学博士学位。回国后,田先生先在杭州的浙江大学教了一段时间的人类学,尔后作为历史学教授前往上海复旦大学任教,由此开启了一段漫长且成就斐然的职业生涯。现在他仍在复旦。从1979年到1984年的五年时间内,他先后造访了英国、澳大利亚、日本和美国,同时接受鲁氏基金会的赞助,在康奈尔与我们一起工作了两年。我们很高兴他能来到伊萨卡,由我们向学术界介绍这本如此有价值却几乎要被遗忘的专著,对此我们深感荣幸。

A. Thomas Kirsch(*汤姆·科茨*)

1985 年 8 月

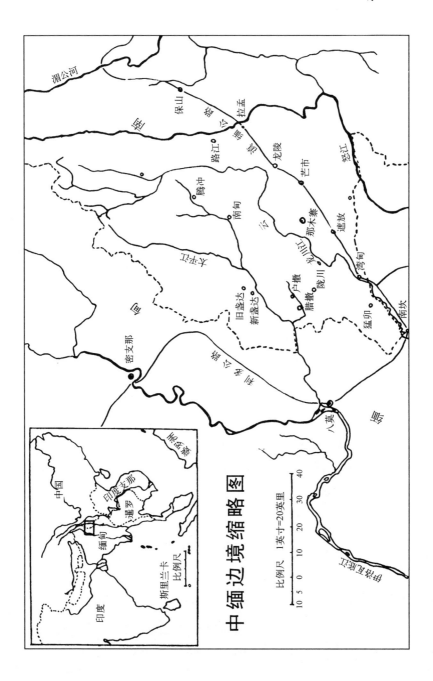

导　言

　　公元 79 年,汉章帝会诸儒讲论五经,在官方钦定的会议报告《白虎通义》中这样写道:"礼贵忠何? 礼者,盛不足节有余,使丰年不奢,凶年不俭,贫富不相悬也。"① 为了证实这个中国古训的正确性,本书考察了由中国云南少数民族傣族举办的一系列称为"摆"的仪式。

　　要分析摆,首先要了解什么是摆,这便立即提出了所有人类学家必须面对的方法论问题。摆是傣族人对于一类集体活动的称呼,他们通过这种活动来表达自己对于超自然事物的信仰。不过,在这点上,困难又出现了,因为除了"摆"之外,还有另外一类不称为"摆"的表达超自然信仰的集体活动。因此,他们自己的分类依据是很重要的。如果两类活动没有差别,为什么傣族人把在别人看来非常相似的两类区分开,只称其中一类为"摆"? 而且,最重要的是,为什么邻近的内地人会将"摆"视作这些傣族人的基本特征? 为解决这个难题,本书第一部分将对上述两类宗教活动做详尽的考察,分析它们的具体内容,揭示两者的异同之处,以便说明傣族

---

① *Bai Hu Tong*, *The Comprehensive Discussions in the White Tiger Hall*, vol. 2 (Leiden, 1949), p. 39. (《白虎通义》卷二)

人对宗教活动的分类。

在讨论摆的种类之前,我们先要解决另外一个方法论难题,因为有两种分类法都可以用来解释这种社会现象。其中一种分类法是只适用于特定的社会,而另外一种——科学的分类法,则适用于一切人类社会。既然只有傣族人才能理解摆的意思,显然他们使用的是前一种分类法。而我们与傣族生活在不同的文化背景中,因而有必要将"摆"翻译成科学的语言。本书的第二部分主要是关注这个问题。

在第三部分中,我们会将摆的基本特征与傣族人的物质与社会经济背景联系在一起,透过摆的基本特征来理解摆对摆夷社群和摆夷个人的意义。最后,但也是最重要的,我们将试图思索社会变迁对摆的影响。

第一章 引言

1940年夏,燕京大学—云南大学社会学实地调查站为我提供一笔资金来研究云南省的掸族。掸族多数为操傣语者,傣语是东南亚最大、分布最广泛的语系。在西起印度阿萨姆边界①、东到印度支那②的湄公河谷的广大地区,包括缅甸的南北掸邦③和暹罗④都遍布着掸族。在中国境内,他们分布在西起云南、东到广西和广东的广大地区。⑤ 这些人都自称为傣。"傣"这一名称运用广泛,尽管不同地区的发音有细微的差别,但基本上都使用这个称呼⑥。在英语语系中普遍使用的"掸",是缅语对他们的称呼。约有两千

---

① M. H. Maspero, "Contribution à L'étude du system phonétique Langues Thaï", *Bulletin de L'Ecole Francaise D'Extrème Orient* 〈hereafter BEFEO〉 11(1911): 153-161. J. N. Cushing, *The Introduction to A Shan and English Dictionary* (Rangoon: American Baptist Mission Press, 1914), pp. 5-8. Idem, *Grammar of the Shan Language* (Rangoon: American Baptist Mission Press, 1887), pp. 1-8.

② Oliv R. T. Janse, *The People of French Indochina*, Smithsonian Institution, War Background Studies no. 9 (Washington, D. C., 1944), p. 17.

③ *Gazetteer of Upper Burma* (Rangoon: Government Printing Press, 1900), pt. 1, vol. 1, pp. 1-8.

④ H. G. Deignan, *Siam*, Smithsonian Institution, War Background Studies no. 8 (Washington, D. C., 1943), pp. 4-9.

⑤ H. R. Davies, *Yunnan, The Link Between India and the Yangtze* (Cambridge: The University Press, 1909), pp. 347, 277-280.

⑥ Ibid., p. 377.

万人属于傣语语系①。尽管至今尚无人类文化学者或历史学家能确定他们之间有何关系,但普遍承认他们可能来自中国,通常认为他们的祖先就是中国史书中记载的同名部落。关于他们的历史详情,中西方学者都多有探讨。譬如,拉克伯里(Terrien de Lacouperie)认为,傣族起源于公元前2200年的大蒙部落,大蒙的起源恰恰可以追溯到中国四川北部和陕西南部的秦岭②。帕克(Parker)等人则认为,傣族是和苗族一样古老的民族,曾是四川至长江入海口一带的主要民族③。然而,通过对上述这些富有争议的观点做详尽的考察,人们发现它们所依赖的证据大多只是推测而已。已知的有关中国古代的民族学资料太少,即使能得到更多的资料,它们的可靠性仍需要科学的调查研究来证实。

中国史书中最近一次提及傣族,是与"南诏"王朝联系在一起的。南诏大约于公元650年建立,1257年被忽必烈推翻。杨慎利用他从傣族人民中搜集到的建朝以来的关于傣族的所有资料,于1551年写成了一部关于南诏的史书,并于1776年由胡蔚

---

① W. C. Dodd, *The Tai Race*, *Elder Brother of the Chinese* (Cedar Rapids, Iowa: The Torch Press, 1923), p. 344.

② Terrien de Lacouperie, "The Cradle of the Shan Race, "An Introduction to *Amongst the Shans*, by Archibald Ross Colquhoun (London: Field ε Tuer, 1885), pp. ⅩⅩⅰ-ⅩⅩⅳ. (此处有误,主要应在pp. L-LI ——译者) Idem, *The Language of China Before the Chinese* (London: Nutt, 1887), pp. 17-18, 56-61. S. Hallett, "Historical Sketch to the Shans,"Supplementary Chapter to Colquhoun, *Amongst the Shans*, pp. 327-371.

③ E. H. Parker, "The Early Laos and China, " *The China Review* 19 (1891): 67-106. W. W. Cochrane, *The Shans* vol. 1(Rangoon: Government Printing Press, 1915), pp. 1-7. Li-Chi, *The Formation of the Chinese People* (Cambridge, Mass.: Harvard University Press, 1928), pp. 254, 256-258.

修订再版①。遗憾的是,在南诏当年的府治地——大理附近,现在已没有傣族人居住。也有人对南诏的命名体系和《南诏野史》的记载提出了重大怀疑②:譬如,把父名的最后一个字作为子名的第一个字被认为是罗罗人的风俗习惯而不可能是傣族的。尽管解释不同,但大多数学者仍旧认为南诏的主要民族是傣族③。

今天,傣族主要聚居在云南的最南端。据估计,居住在云南的傣族总共有大约两百万人。生活在云南北部的傣族是没有自己的文字的,但南部的傣族却有他们自己的文字。南部的傣族被分成两支,其中一支被汉族称为摆夷。这部分傣族或称摆夷人大概有五十五万人,约占云南省总人口的5%左右④。他们主要分布在四个地区⑤:第一族群,分布在元江、墨江和沿红河谷地的普洱地区,这些地方操傣语者约占当地总人口的30%—35%;第二族群,是在北纬23°至24°湄公河与怒江之间的地区;第三族群,分布在云南最南端的湄公河两岸,他们约占当地总人口的50%—85%;第四

---

① Camile Saison, *Nan-Tchao-Ye-Che*, *Histoire Particulière du Nan-Tchao* (Traduction d'une Histoire de L'ancient Yunnan) (Paris: Ernest Leroux, 1901). G. W. Clark, "A History of the Southern Princes, " in *Kweichow and Yunnan Provinces* (Shanghai: Mercury, 1894), pp. 157-212. Emile Rocher, *La Province Chinnoise du Yun-nan* (Paris: Ernest Leroux, 1878), pp. 151-174.

② Lo Ch'ang-Pei, "The Genealogical Patronymic Linkage System of the Tibeto-Burman Speaking Tribes, " *Harvard Journal of Asiatic Studies*, 8, no. 3&4 (March 1945): 249-263. Parker, *Early laos and China*, p. 78, ref. 100.

③ W. Credner, *Cultural and Geographical Observations in Tali* (*Yunnan*) *Region with Special Regard to the Nan-Chao Problem*, trans. Erik Seidenfaden (Bangkok: The Siam Society, 1935). C. P. Fitzgerald, *The Tower of Five Glories* (London: Cresset Press, 1941), pp. 21-22, 69-70.

④ 陶云逵:《几个云南土族的现代地理分布及其人口之估计》,《中央研究院历史语言研究所集刊》第七册第四分,上海,1938年,第443—444页。

⑤ 陶云逵:《几个云南土族的现代地理分布及其人口之估计》,《中央研究院历史语言研究所集刊》第七册第四分,上海,1938年,第444页。

族群,从保山到湾甸的滇缅公路沿线地区,约有30%—40%的人口是傣族。在这四个族群中,第一族群可能是受内地文化影响最大的,而第三族群则受影响最小①。尽管语言已明显被汉族同化,居住在怒江和湄公河之间以及滇缅公路沿线的傣族仍旧保留他们自己的风俗习惯和生活方式,两种文化仍旧完全不同②。本书所关注的就是居住在滇缅公路沿线的傣族族群。

与在缅甸一样,云南南部的傣族在政治上被分成众多的小邦,在英语中称为掸邦。下表列出了今天云南的主要掸邦。

表1 云南现存的主要掸邦及其土司

地 名	地 理 位 置		土 司 姓
	经 度	纬 度	
南 甸	98°20′	24°49′	龚
干 崖	98°05′	24°46′	刀
盏 达	97°55′	24°44′	刀
陇 川	97°55′	24°20′	多
猛 卯	97°52′	24°02′	干
遮 放	98°18′	24°15′	多

---

① 陶云逵:《云南摆夷在历史上及现代与政府之关系》,《边政公论》第1卷第9—10期,重庆,1942年,第9页。
② 关于湄公河流域傣族的某方面的研究最近由太平洋研究所出版。陈汉森:《中国最南边界的土地制度(1949)》。关于云南西南掸族的研究可以参见:E. H. Parker, "The Old Thai or Shan Empire of Western Yunnan," *The China Review*, 20 (1892-1893): 337-448. Helen B. Chapin, "Yunnanese Images of Avalokitésvara," *Harvard Journal of Asiatic Studies*, 8, no. 2(1944): 131-186. Tchang Hou, "La Situation au Territoire Frontière de Teng-Yué et Simple Entretiens Sur les Marches Coloniales," in *Territoire du Population des Confines du Yunnan*, trans. J. Sigaret H. Vetch (peiping, 1937), pp. 1-44.

续 表

地 名	地理位置		土司姓
	经 度	纬 度	
芒 市	98°35′	24°27′	放
路 江	98°53′	24°52′	线
猛 板	98°32′	24°08′	姜
腊 撒	97°51′	24°26′	盖
户 撒	97°55′	24°29′	来
耿 马	99°25′	23°33′	罕
湾 甸	99°22′	24°33′	京
孟 定	99°05′	23°33′	多
孟 连	99°36′	22°20′	刁
车 里	100°50′	21°50′	刀

根据丁文江、翁文灏:《中华民国新地图》,上海:申报馆,1934年。
这些掸邦的居民不只是傣族,其中也包括汉族、克钦人、佤族、傈僳族和崩龙人等。

云南的这些掸邦实行的是土司制度,是一种完全有别于中国内地的行政制度。这种制度由忽必烈于公元1252年创立,从元朝一直沿用到明朝。此后尽管进行了一些改革,但由于形势的复杂性,至今仍旧保持了原来的形式。建立土司制度是为了用间接统治的方式来管理边境的民族。每个地区由一个可以世袭的土官来治理。这个土官在整个官僚体系中处于最基层的地位,汉族称其为"土司",傣族自称为"Cao Fa";在英语中广泛运用的"Sawbwa"一词,则是缅甸人普遍使用的。

这些掸邦在一定程度上是独立的;两个掸邦之间没有政治联

系。贵族采用的通婚体制对两邦之间的关系没有产生特殊影响。同一地区的掸邦为了共同的利益，可能会召开会议，但不会建立长期的组织。而且，云南的傣族与其他地方的同族一样，被高山深谷分隔，不仅语言逐渐形成明显不同的方言，而且不同族群对彼此之间存在的相似之处毫无察觉。

选择芒市地区作为这次调查的特定田野，主要是出于偶然。我最初走访了当地的其他一两个地方，但无论如何无法取得土司的信任①。我的调查基金数目太少，仅仅够支付差旅费和三个月的生活费，于是在最初的失败后，我决定去拜访芒市土司，希望能在他的衙门中任职。不知什么原因，我与土司的初次见面出乎我的意料，非常成功。用他自己的话说："看来我们是一见如故。"傣族人对汉族人抱有一些情有可原的偏见，但我很幸运，没有让这些偏见影响到我的个人立场。我们很快成了朋友，以至于我没有机会向他解释我最初来他府邸的目的是想在工作的同时进行调查。我们的友谊一直持续至今，他为我在当地的生活处处提供便利，而我也尽我所能地帮助他。我待在芒市的最初六个月里，在一定程度上相当于土司的顾问和私人秘书，不过没有头衔和报酬。我最初去芒市是在1940年11月，到1941年4月回到昆明。9月，我作

---

① 汉族与傣族之间的关系不能说是友好。这主要是由于汉族与傣族已建立的联系被内地官方给破坏了。这些官员到边境地区上任后，考虑的都是他们自己的个人利益，尤其是从1937年开始鸦片种植在云南被依法禁止后。边境地区远离中央，不受中央监管，因此傣族过去遭受了在其他地方不可能遇到的种种重税盘剥。譬如，官衙曾以鼓励生产为借口，一度在一个地区向每个家庭派发一只鸡蛋。三个月后，每个家庭必须交回一只鸡，如交不回则要被罚款。类似这样的经历使得傣族对汉族人形成了他们的固有看法，在处理与他们的事务时非常谨慎。抗日战争以及滇缅公路的开通使得傣族有机会接触到了官员以外的汉族人，并公开了边境地区存在的腐败，汉傣关系好像在逐渐好转，但遗憾的是，希望在战后不久就破灭了。

为土司的客人,又到芒市住了一个月。1941年12月,我成为他的私人秘书,一直待到1942年5月中国军队从芒市撤退。而我与土司的联系实际上一直持续到我离开芒市去昆明以后;因为我不仅被邀请作为他处理官方和私人事务的驻省府代表,而且也代表着其他两个掸邦。

本书所做的调查就是在上述基础上进行的。除了土司及其属下在很多方面给予我帮助,我还有幸得到参与日常事务的特别机会,这对外人来说本是不可能的事。譬如,有一次我充当土司儿子的护卫者,从邻寨迎娶他的新娘到芒市的新家。另一次是,主要是为了我的方便,土司将祭社(对社神的祭拜)的时间从上午改到了下午。有时土司甚至劝说我去参加一些他认为会对我的工作有益的活动。我记得我所问的问题都得到了解答,除了关于一个被称为"听鸡鸣"的新婚初夜仪式,我猜想可能涉及性知识,使人们羞于回答。我从没雇人为我提供资料,本书所用的所有材料基本上都是我亲身观察以及参与人们的日常生活搜集到的。我也不需要翻译,一方面是因为当地傣语词汇的40%来自汉语,另一方面是因为土司、衙门中的官员和村寨的头人都讲点汉语,而且我自己也很快学会了一点傣语。这种功能渗透的方法自然有一定的缺陷,但在一个多年来强烈排外的团体中,在开展田野工作的条件尚不够理想的情况下,这是能采用的唯一方法。

芒市(东经98°35′,北纬24°27′)是居住在云南西南的傣族中最富裕和种植条件最好的地方之一。当地人称其为Mong-Hkwan。无人知道傣族人民在这平坝中生活了多久,但毫无疑问的是,该地区约有五百年的时间是处于放家的统治之下的。我在

《云南通志》①中找到了关于这个土司家族的唯一记载,其中写道:

> 芒市安抚司:蛮名怒谋,又曰大枯睒、小枯睒,即《唐书》所谓芒施蛮也。元中统初内附。至元十三年,立芒施路军民总管府,领二甸。明洪武十五年,置芒施府。正统九年,放定正随征缅有功,授芒市长官司……十一年,导缅寇松坡事觉,擒福正法,立其舍目放纬领司事……本朝平滇,爱众投诚,仍授安抚世职……其地川原旷邈,人稍脆弱。男子以石榴皮染齿使黑;妇人分发直额为一髻,垂于后;跣足衣皮……地产香橙、橄榄、芋蔗,额征差发银二十两。②

芒市的阶级差别,与其他地方的傣族一样,也是非常明显的。土司家族及其亲属组成贵族阶级。其余的都被视为平民。这种差别贯穿于芒市生活的方方面面。平民不仅是贵族阶级的佃户,而且必须承担各种各样的徭役。他们必须供给贵族日常生活需要的肉、蔬菜、柴火,还要充当他们的女仆、佣人、洗衣妇、清洁工、厨师和园丁。更重要的是,给贵族建房屋,为他们的婚礼准备彩礼或嫁妆,在贵族出生或去世时出份子钱都是平民的义务。这种阶级差别还体现在服饰和礼节上。只有上层阶级的妇女才能在裙子上镶四条边,而平民不能超过两条。平民想去拜访贵族家中的任何人,都必须先叩头。在同统治阶级讲话时,平民必须句句使用敬语"hê"。平民的房屋从不允许超过土司衙门的,不论是在高度上,还

---

① (清)鄂尔泰、尹继善修,《云南通志》,卷二十四,昆明:云南通志馆,1936年,第17页。

② 原文为七十两。——译者

是在设计的精巧程度上。

差别还体现在社会制度本身中。贵族实行一夫多妻制的婚姻制度,并规定正妻必须出自当地的同阶层家庭。平民实行一夫一妻制(只有个别例外),有时丈夫甚至可以住在妻子家,这在贵族家庭中是很少见的。贵族的职位继承,是长子继承制,长子在遗产继承上也有优先权。而平民家庭中的长子,享受的只是与兄弟们同等的待遇。

芒市,在中国新的政治体制下,名义上归潞西设治局管辖,但据我们所见,由于种种原因,土司仍旧牢牢地控制着整个地区,握有独立自治的实权。他拥有全部土地,享有巨大的政治特权,并通过世袭将职位传给长子。如果土司没有儿子,死后则传给兄弟,如果儿子太小,不能行使职权,则由其叔叔担任代理(过去称为代办)。现任土司便是一位代办。

被称为护印的土司副官,通常是土司的兄弟。如果土司是代办,他的副官则称为护理。在护印和护理的控制下,土司衙门的事务是由四个贵族成员来管理的,四个人轮流在土司府衙住十天来处理公务。他们分布在四个部门:库房、总管、门房和书房。此外,还有一个称为教读的官职,负责统治家族中年轻人的教育。几乎所有部门安排的都是贵族成员。偶尔也安排一个特别适合这个职位的或是土司特别喜欢的平民。土司衙门中也有几个汉人,尤其是在书房。教读通常也由汉人担任。衙门中的高级官员都有很高的薪水。低级职务(贴身侍卫、家丁、厨师等)由村寨中轮流服役的平民担任,他们要轮流服十天役,没有任何报酬。

芒市被分成八个干和四个练,都是任命平民做头人。干是指傣族聚居区,练是指居住在山脚的汉族村寨。每个干和练包括多个村。干的高级官员称为干头(干的首领)和干尾(副首领)。在他们之下,是各村寨的头人,称作老辛。每个村寨又细分为几个区,每个区的头人被称为伙头,由所谓的排头来协助他。干头的主要职责是管理干内几个村寨的钱粮赋税、派遣夫役等事务。所有关于通奸、离婚和吵架等案件都先由村寨的头人——老辛处理;如果他们不能满意地解决,则交给干头,如干头仍不能解决,则交给土司衙门处理。练类似于干,除了头人的称号不同。练的最高官员称为练绅,村寨的首领称为头人。所有这些地方组织中的官员薪酬都直接由村寨来支付。

除了政治组织,每个村寨也组成一个独立的教区。每个村寨有自己的以住持(大佛爷)为首领的佛寺(冢房)。在住持之下,每个村寨被分成几个区,不见得非得与村寨内的政治分区相吻合。这些区的职责是轮流向佛寺提供肉、蔬菜和鲜花。每区选举一个信佛的年长男子做首领即布冢。个别布冢有自己的称号,如砍冢、线冢、魏冢、赫冢或体冢,以区别于他人。布冢的任务是代表村民与住持商讨宗教事务,也帮助住持准备和指导村中所有的朝佛活动。尽管芒市的佛寺不是整个社区的教育机构,不过,与云南南部和许多其他的掸族一样,它是村寨组织所有社会活动的中心。

尽管芒市的和尚受北传的"大乘佛教"①的影响很深,但他们

---

① 总体而言,佛教可以划分为两大宗派。早期的一派称为"希那衍那",也称"小乘",而另一派,改良的佛教,称为"摩诃衍那"或转世"大乘"。当时,大乘佛教在中国和日本更为盛行,而小乘佛教则在锡兰、缅甸和暹罗更受欢迎。佛教的宗旨是认为人活着的目标就是达到一种理想的哲思状态,并且达到道德上的完美。最后得道成佛是完全可以通过人的努力实现的。大乘佛教同小乘佛教的不同之处,首先在戒律上,宣扬大慈大悲,不仅是对人,对动物也一样;其次,在目标上,提出了一个靠走捷径就可以达到的更低目标。因此,它之所以被称为"大乘"是因为它相信大车可以搭载更多的人前往极乐世界。

仍分成两派。一派是 Nalong 派,此派和尚是素食主义者,差不多都依佛教戒律行事。另一派是 Poi-Kyaung 或 Kong-Long 派;此派的和尚并不严格遵守佛教戒律;他们可以吃肉、吸鸦片、行医,甚至像俗人一样穿衣。本调查所在村寨的和尚属于后者。住持(大佛爷)是寺庙的首领。在他之下,是一群按一、二、三级排序的年轻和尚。云南西南部的傣族男孩通常不需要像云南南部那样,到冢房进行短期的宗教教育。亲属鼓励或自愿去冢房受教育的男孩被称为四和尚。四和尚在寺庙中待满两年后,可以成为三佛爷,但实际上只有少数四和尚能待到两年以上。三佛爷最终会被提升为二佛爷。每个寺庙只有一个二佛爷,他是大佛爷的法定继承人。

芒市傣族的物质文化主要是以竹子为基础。房屋、篱笆、床、桌椅、饭碗以及其他许多器具都是竹制的,甚至路和桥也是用竹子修的。按当地人的说法,只消三个人就能扛起一个傣族家庭的所有财产。几乎任何一个健壮的男青年都能独自一人用一把大砍刀建造一间竹屋;既然竹子丰富,在日常生活中又非常有用,因此刀子(不管哪种)是必不可少的工具,每个傣族男性腰上都会携带一把。

最后,应做一点方法论的说明。本书所做的调查是在那木这个村寨做的。那木是芒市最大的村寨,1940 年时全寨总人口为 1 482 人。它离作为芒市政治与经济中心的城子约有二十公里的距离,但交通非常好。土司本人理解我的项目,建议我到那木做田野调查,因为那木寨的赋税和徭役都直接交给他,自己的朋友去那里不会引起任何怀疑。尽管详细的调查主要是在这一个村寨做的,但我也定期走访了芒市和其他掸邦的一些村寨,很明显当地的十一个掸邦的摆有很大的相似性。摆夷这个词指的是这些掸邦的所有傣民。在下一章,我主要描述了1940—1942年那木寨出现的摆。

第二章 大摆[①]

一

早在上一年收获时节,那木寨即酝酿着做摆的消息。一家准备在佛殿大柱上雕一对贴金的木龙,另一家许愿做一尊银佛供家,第三家更将耗资一大叠钞票糊一座小亭。全寨人茶余饭后闲谈,谈的都是摆。自己没有能力做摆的,但假如有一个亲戚、邻居,甚至是相识,能这样挥霍地做摆,他不仅会感兴趣,甚至会觉得分享了对做摆人的尊敬。

那木寨向称富庶。从前曾经有过二十家人同时做摆的创举,至今犹传为美谈,成为令邻寨人羡慕的资本。近几年那木经济萧条,只有几家有能力做摆了。因此,今年听到这个消息,个个都很

[①] 大摆的思想主要是起源于佛教。根据这个教派的教义,一般人是不可能成佛的,但如果在他有生之年,能够一心向佛、行善,尤其是给寺庙进贡,这样,在他死后,他就可能进入西方的极乐世界。人们的这一热望逐渐发展成了天堂和地狱的观念,对谦卑的狂热以及对慷慨的极力褒奖。关于大摆的信仰明显源于这点,尽管它们无疑也混有当地的传统色彩。摆的起源尚不可知。然而,在缅甸钦山也举行过类似的摆(见 H. N. C. Stevenson, *The Economics of Central Chin Tribes*, Bombay: Times of India Press, 1943, pp. 156-182)。在缅甸的掸邦,每年收获后都会举办一个丰收庆典,叫做"八夜摆"。这个摆会持续四五天,并伴有在西方称为"集市"的所有活动。不过,今天,他们主要的兴趣是在赌博上。

兴奋,很快就传得人人皆知。不过,这消息传遍远近,并不足为奇,因为人人都关心做摆的事。

这会产生双重效果:一方面,本来想做摆的人,听到人们如此兴奋,心里开始犹豫不定,担心来的客人比预料的多,自己无力招待他们。另一方面,也有比较富有但最初并没打算做摆的人,听到这样的消息,当他们注意到众人的兴奋程度,想到这荣耀将会是自己的,也就诱使他们做出了做摆的决定。即使钱不够,他们也总能想出种种方式来凑够钱。兄弟可以凑钱,共同做摆;或者父亲召回已分家单过的儿子,有他们帮忙,事情就可以办成了;或是两家合伙一起做。有的甚至举款借债,或是采用任何能想到的手段,为的是能举办一次这重要的宗教活动。

作为局外人是很难理解摆在寨民眼中的地位的。他们渴望做摆,一旦做成了一次,他们又希望一而再、再而三地做下去,似乎永不满足。一个人会在尽可能短的时间内一次又一次地做摆。有个干头曾连续做了九次摆。

至于旁观者,提到做摆,大家同样好像着了迷似的,乐意将日常工作扔下不管。在做摆的时候,土司衙门的公务实际上陷于停顿,原因是寨民忙于做摆,他们无暇也没有兴趣来理会这些公务。考虑到即将来临的仪式有这样不可思议的魔力,这样不可抵御的传染性,因而那木全村此时不想别的,也就根本不能视为反常。

起初仅有三家决定做摆的,但上一年年底又添加两家,到新年(农历)的时候,达到了七家。其中两家是兄弟合做,第三家是父子合做,第四家由两位寡妇合伙做。在那木寨从来没有一家敢独自做摆的。寨里共有232户,由一家来招待他们,在经济上是根本不可能承受的。因此有必要几家同时做摆,以便全村人由各家分散接待。七家无疑要私下讨论、决定这样几个问题：第一，做摆的日期得定在同一天。第二，到南坎买佛①应何时出发。因大家一起赶路更方便，而且大批的趸买价钱上也会便宜些。他们还要决定去何处购买供品，要请什么人帮忙，某些物品该是什么价钱等等，如大家联合起来，彼此咨询，会免掉不少麻烦。住持（大佛爷）同六位布冢自然成为他们的顾问。

二

新年刚过，各家天天见面讨论即将到来的仪式，开始忙着请人去南坎买佛。自己能够亲自去的最好，如不能去，至少应该请可靠的人代劳。七家中只有金家是亲自去；龚老辛请冢房的二佛爷做代表；其余几家或是请可靠的人代劳，或是兄弟侄子去采办。领头人要选好，另外还要请人抬佛。大佛是四个人抬一尊，小佛需要两个人，这样每家起码要请十个人抬佛。要找每天能走五六十里路，同时肩上还挑着东西的人，只有年轻力壮的小菩毛②最适合了。帮人抬佛是义务活动，但被请的小菩毛不仅愉快接受，而且认为这是一种荣耀。那时，一个能吃苦受累的小菩毛，很容易在做香烟生意的那里找到工作，在腊戍和那木之间来回跑跑。如果他自己有本钱，可以买点东西，和雇挑的香烟一起挑回来，毫不费力就能赚钱。即使自己不做生意，他也可以靠自己的劳动净赚十五个卢比，路上开销还全由老板负担。现在路程一样；挑香烟有一段路程可

---

① "佛"通常指得道成佛者，或指佛教的创始人佛祖释迦牟尼（约公元前 563—公元前 483 年）。在傣族眼中，佛实际上不仅指历史上的佛祖，还包含了权能上帝——天上的佛的意思。

② 指未婚青年男子。详见第七章。

以搭汽车，抬佛却要来回走路。并且佛像比香烟更易碎，需要更加小心。因此他们路上必须慢慢走，结果需要挑香烟两倍的时间。换在事事以钱做决定的社区里面，这种事情几乎是行不通的。不得任何薪酬仅仅供给食宿的苦差事，谁愿意干？若有人故意错过眼前的赚钱机会，反而接受这明显没好处的工作，必定会受人讥讽。但摆夷并不这样想。他们虽然很穷，但宁愿牺牲眼前的利益，热心地去提供别人迫切需要的服务。他们认为，别人做摆花去成千一生辛苦换得的卢比，也没有半点吝惜，自己为什么要计较可以从挑香烟中挣得这点卢比的损失呢？金钱在摆夷眼中所占的地位太小：他们历来懂得金钱不是一切。

从芒市到南坎如抄近路，需要四天的旅程，若走公路，则要六天。公路上来往车辆太多，抬着易碎的佛像行走太危险，所以迎佛的大队仍走小路。这去南坎的路上还不太危险，因为大家都空着手，即使遇上克钦人的袭击，也能跟他们对抗，至少能逃得掉。但是归途中，就困难得多。七尊大佛、二十尊小佛，再加上整套供佛的物品，而这还不是全部，每个人还得挑上自己的行李。这队伍由一百多人组成，而且个个肩上都有重担。他们必须慢慢走，务使佛像不受损伤，同时又要时时提防随时可能进攻他们的克钦人。因而这是一项艰苦的工作，假使没有坚定的信念，是无法承担的。

从蒙蒙白云笼罩的深谷里，突然听见几声击钟声、锣鼓声，接着从远处那漫山绿树的万山丛岭中，又立即传来回声。声音是这样轻悦，回荡在寂静的空中。击声渐次响亮，隐约再听得嘈杂的人声，不过瞬又沉寂。最后终于从远远蜿蜒的蹊径上出现一大队时隐时现的人影。他们一会儿就隐没在茂密的丛林中了，仅在林峦空暇处留下几个模糊的黑影。碰着阳光能够直射的地方，偶尔也发出几点耀眼的光线。

　　那就是迎佛回家的队伍。每天晨露未稀的时候,大家迎着冷风出发。全日旅程,盘绕在嵯峨的峰壑间。他们的行程是如此的缓慢,以至于总是很难赶到常规的歇脚处休息。等到日暮时分,崖边林下,随处皆可宿营。一张红毯不仅做褥子,而且是被盖,也是帐子。当夜幕降临,时见星火荧然,那里便是值班守夜的地方。

　　多日的旅途后,人人身上都堆上厚厚的灰尘,看起来非常疲惫。但是不管身体怎样劳累,面颊如何消瘦,双双闪烁的眼睛,似乎又充满了无限的新希望。没有一个人把他的工作看作苦差事,感到厌烦。

　　偶尔也会有人病了,不能继续抬下去,不过他会自掏腰包,雇人来代自己抬。这笔费用做摆的人以后也不必还他,因为历来被认为正确的做法是,若路上生病,他应该自掏腰包雇人代自己继续做。他们认为自己受做摆的所托,不负所托是自己的责任。更何况这是为佛效劳的事,是神圣不可侵犯的,他绝对不能半途而废。我看过不少宗教徒跋涉千里朝拜圣地的名画,看到他们脸上流露出来的那种坚忍、圣洁的宗教热情,常常受到莫大的感动。现在抬佛者所表现的精神与活力,实较我所见到的任何一幅名画更令我感动,更受到无限的鼓舞。

　　他们缓慢地前进着,但在缓慢的脚步中,毅力和热情明显地在激励着他们,使他们结束了这段漫长而乏味的旅程,完成了这艰难困苦的工作。

三

　　在他们到达那木的前一天,就派人赶回寨里去通知了。消息一到，订佛的各家心情变得烦乱至极。自己所请的佛像是否够堂皇？好自不必说，但如果自己委托去采购的人缺乏品位，能力不够，所买的佛像比不上别人家，到时又如何处理？脑里这样多的纷扰，怎么可能使他们安静地来继续准备工作呢？别人多次提醒他们去做的事情，他们反复下令却尚未被执行的事情，依然没有落实，也依然没有引起他们的注意。

但处境最难的还是那个送信的。家家都拉着他追问佛的每个细节：多高多大？佛盒漆是什么颜色？等等。他不得不努力回忆，实在想不起来的，他会礼貌地告诉他们，等一会儿自己看。

到了该到家的当天，抬佛的很早就出发了。全寨人都在兴奋地等待他们的到来。等到太阳西偏，听到锣声、枪声、鼓声越来越近的时候，全寨人潮水般地涌出寨门去欢迎。抬佛的到了现在一点也不觉得疲劳：肩上的重量好像减去了若干，脚步显得格外有力。订佛的七家加上各自的亲友归作七队。周围更跟着看热闹或忙着拾鞭炮的小孩子。

佛像最后抬回各自家中。抬佛的小心地把它们安放好，拍拍身上的灰尘，拉起小衣襟擦擦额上的汗。身上的重担已经卸去，突然发现无事可做，反而心生一丝不安。至于主人呢，一块石头落了地，心里说不出的感激。大家默默无语，相视而笑，不过这会意一笑所蕴含的深情却是无法估量的。

七家的主人大摆盛宴款待去采购的亲友和帮忙抬佛的青年。酒酣饭饱，他们开始向主人讲述此行的经过。有两家则另外加上正式的招待，请佛爷来念经。

下一步是送佛入庙。送佛的日期，七家却不能安排在同一天了。尽管凑在一天更热闹，但因为送佛期间，必须要由大佛爷来主持一个可能要持续一到三晚的特别的宗教仪式。只有一个大佛爷,他的助手又少。如果七家凑在一块儿举行,大佛爷和他的几个助手只能随便敷衍一下,结果会令大家都不满意。因此七家安排的日期应该是不能冲突。

送佛那天,主人同样要宴请帮忙的亲友,不过人数没有正式做摆那样多罢了。被邀请的大都限于近亲、素日关系较为密切的朋友和街坊。要是念经一晚,主人一般会在念经前的下午,宴请"听经"①的客人。要是不止一晚,通常前一二天参加的人很少,最热闹的场面还是在最后那天晚上。按例来参加的人自己也得带点米钱来帮作功德;吃一顿晚饭;晚上听听经,结束临走时,主人再招待几块粑粑片做宵夜。对于终日闲着没事的老人们来说,这样的活动也不失为一种很好的消遣方式。

佛像不放在各自家中,而是送到冢房,是因为家里没有足够的地方摆放,送到冢房既可以受到更好的保护,又可以得到更多的羡慕。送佛入庙是个隆重的仪式,是在中午举行的。在各家主人的心目中,佛像是有价值的供品,总希望能在街邻面前炫耀一番。现在机会来了。队伍从寨头到寨尾走了一圈。从佛像的造型装饰、数量和价格的差别上,大家可以预测出这七家做摆的,究竟哪一家将来可能做得最奢华。

四

"白柴"已经烧过,离做摆尚有一个多月的时间。在这期间,七家差不多都添加了一桌吃饭的人。最忙的好像是几位布冢。摆夷

---

① 经是佛教经文。佛教集会时是诵读经文,而不是讲道。

的社会分工并不精细,在村寨附近找不到专门售卖做摆所需的各项物品和供品的地方,而且那木寨里也没有几个人会制作这些东西,根本不足以满足做摆的需要。因此人们无不设法将外寨外地的匠人请到寨里来。其中有些是专门弄这些事情的,其他的则不过是业余帮忙而已。

在这期间要准备的东西,首先是各种供佛衣服的裁缝,枕头、佛帐、供伞的制作;对此,一般要请老太太来负责。其次是各种纸扎供品的制作,这一类工作则非专门人才不可。最后是食品和其他必备物品的预备与采购。这种差事虽然自己家里人就可以照料好,不必再请人帮忙,但也是最麻烦的事。

"白柴"与做摆之间整个的时光全在一种紧张与期待的气氛中度过。全家大小老幼人人都在竭尽全力为做摆做准备。就物质消费而言,做摆的常常是要花光多年的积蓄。他的老母亲很可能不得不用她多年来辛辛苦苦熬夜织成的布赶做供佛的衣服。小菩色①才绣成的一幅线锦,这样的材料本是她嫁妆中最重要的一部分,但现在她不能也不愿私自留做己用,而是把它做成一幅佛帐来供佛。也许她的嫁期已经迫在眉睫,但没人会觉得这是不正常的行为。

因此,各家准备着大量的谷米,成群的牲畜,等待消耗。在这奢侈的耗费中,他们仅是感到欢欣或快慰,绝没有丝毫不满,因为一切都是佛所赐予的,所以一切都应供献在佛面前。甚至这样也不够,同时还应该时刻准备着供献来感恩。

随着盛会的临近,每个寨民心里都感到万分的高兴。七家都

---

① 指未婚青年女子。详见第七章。

在盘算着如何接待他们的亲友。某家与他们交往颇深,必须要请来,另外某几家恐怕得自己亲自去请。因为去年他们寨里做摆,自己也被请去住过几天。于是客房得腾让清理出来,安排好。

不仅七家做摆的忙着这样做,寨里其他人也一样地忙。被做摆的家里请来赶做供佛衣服的老太太们,还要赶做自己儿女做摆的新装。每一个街期①,青年男女们都忙着去购买些需要的物品。小菩毛买些干电池、手电筒、胶鞋和香烟等等,而小菩色挑选的是那些银的装饰品、丝带和头饰等类。想要的东西一时买不到,他们就要等待以后的街期,或是另赶其他的街子,甚而托人到缅甸去带。因此,摆不再是私人的宗教活动,而成了整个寨子都参加的活动。它在包括许多村寨在内的整个坝子都引起了轰动,并吸引了许多外来的摆夷。土司曾一度因为那木寨做摆的人家太多,耗费太大,希望能够节省一点,但立即就惹起全境的反对。认为他们想免除或减少空袭的损害,除去加大做摆的数量和规模,别无他法。因此土司只得收回他的命令。在人们意识中,私人宗教活动与公众安全的联系,是十分明显的。

随着日期的临近,寨里出现无数的生面孔,各家做摆的更是增加了几桌吃饭的人,他们不外是从别寨或邻县来参加盛会的亲友。寨外竹林里,工人们在忙着砍伐竹子,在七家的广场上,大竹棚如雨后春笋般地涌现。邀请远方亲友的专差也出发了。各家主人几天来一直在忙着草拟请客名单。他们以自己的寨子为中心,列为第一个寨子,开列出应请的客人的姓名,从最老的一直到最年轻的。接着开列其他村寨的名单。不过,邀请并不需要什么柬帖,仅

---

① "街期"就是"赶集"的日子。——译者

是一张纸折成一个圆锥形，里面装满茶叶和白米。各家客人差不多都来自周围二十多个村寨，即使专请三个人做信使，每人一匹快马，来回起码也得五六天。

客人接到他们的邀请，应付的办法依彼此关系的亲疏而有所不同。假如关系亲密，就得立刻准备一份丰富的礼物。如果他从前也做过摆，那他就得查看当时人家送过他什么东西，现在送给人家的礼物当然至少不能少于人家送自己的。譬如从前人家送他一对枕头、两箩米，那他这次带的礼物至少得是等值的。起摆那天，他必须亲自去道贺。但假如彼此关系不太亲密，他就不必着急准备。等到正摆那一天，他同其他人可以组织一个团体去道贺。大家可以用同样的礼物：一斗米、一串一百个铜钱，或者一个布扎竹亭子。也有这种情况，父亲已经送过一份厚礼，而他的儿媳因为同做摆的儿媳恰巧来自同一个村寨，所以除了家庭的礼物外，她又参加公众团体去送自己的一份礼。每个寨子不可能人人都被请到，若有人想去看看、乐呵乐呵的话，随便弄一点东西做礼物，主人也必定会招待他。

摆夷的社会关系不必以家庭为基础。个人间可以维持很亲密的私人关系，这种亲密关系通常是出自同青年团体或是同乡等。维系摆夷亲密关系的这种友谊比来自亲戚间的关系来得更强韧、更广泛。摆夷和平安定的社会生活，主要得益于这种结构。

五

起摆之前的头一天，七家的院心、园子和广场上都差不多预备妥当了。在院心里搭一座大的棚，各边都有两丈多宽，上面用草盖好，四周扎些竹篱，是摆设普通供品的地方。园子和广场上，更搭起了无数的竹棚。每个竹棚中间,有一个用竹竿搭成的、离地一尺半高、五尺见方的方框。四根竹竿两两相对搁在竹篱上。在这个方框中间有一张圆桌,四面围以能坐着吃饭的竹竿,这布置既经济又整齐。菜园边上的竹棚是狭长的,栏里边用土墼建起七八个大灶,每个灶上放着一口大锅,外边再用竹子扎一条长栏柜,这条长栏柜上面可以放置器具,同时也可以作为屏障限制其他人闯进厨房来。做摆这三天里,不这样布置好,厨房里的秩序恐怕绝难维持好。除了搭竹棚外,各家还都在忙着做布亭,数量从五个到十七个不等。

下午,各家开始宰猪。曳长悲怪的叫嘶声处处都可听见。厨房里靠墙的竹竿上也渐次挂满了块块的猪肉。做一次摆消耗的最多的东西,是猪肉,其次便是酒。这三天内,每餐待客的菜全都差不多。最初是一大盘木耳肉丝蔬菜拼盘成的凉菜,其次是四碗不同的肉,最后是两碗用肉丝炒的蔬菜和酸巴菜。这四碗肉中,第一碗是加香料炒熟的肉片,第二碗是用油炸得焦黄的肉块,第三碗是用油炸过再红烧的肉圆,最后是一碗油炸的肉末。他们做法考究并盛得满满的,一碗的量在一般的内地饭店可以盛四碗。因为炸过的猪肉体积缩得很小,盛满一碗要比其他烹调方法需要更多的肉,再加上吃完可以再添一碗、两碗甚至三碗,最终可能上十二碗。至于酒,每人至少一大碗,耗费同样地惊人,唯比起肉的消耗来,又不免相形见绌了。

青年男女们可以享受三昼夜的狂欢。他们付出的代价是免费在七家做摆的家里帮忙,和到七家做摆的家里干躲(意即叩头)。寨里的青年人被分成几个小组。各个小组概到离家最近的人家帮忙。正摆那一天,各组又集合起来做干躲,费用仍旧由全体公摊。

他们的服役均限于白天,到了晚上他们便脱去围裙,加入到狂欢的行列中去。白天的工作生活太严肃,现在的欢乐对他们大有裨益。

六

第一天叫做起摆。一清早到处都听得见震耳的脚鼓声,大批穿着自己最好服装的外寨人开始从四面八方涌进寨里。他们的悠闲与平静,与寨里人的忙乱形成了鲜明的对比。寨里人差不多人人都在忙着,有的搬厨具,有的送食物和蔬菜,匆匆忙忙,来来往往,跳跃的脚步显示出他们是如何地高兴。而外寨人呢,东逛逛,西瞧瞧,面带轻松喜悦的笑容,一点没有感到忙迫的样子。

至于做摆的家里,则又是另外一种气氛。院心里,广场上,屋檐边,楼脚下,到处都是人。人人都在忙,做事都是那样地紧迫忙碌。这里一丛人在切蔬菜,那里一丛人在缝制旗杆上的布幡,还有蒙布亭的,糊纸人的,洗桌凳的,抬柴米的,布置供品的,收纳功德的……加上阵阵的锣鼓声,这时由感官所得的印象,不可能分析出究竟是一种什么样的感觉,因为这是一种混杂的感觉,混合着喜悦、庄严、匆忙,还有轻松。像是在一个繁忙而又宁静的春天的早晨,艳阳遍照,满地百花浸着朝露,成千上万的蜜蜂、蝴蝶在忙忙碌碌地工作着。

第一顿丰盛的饭食,出现在起摆日的早饭桌上。就食的大都是近亲或帮忙的。因饭桌上客人少,大家可以慢慢地喝酒,悠闲地聊天,一点也不必有紧迫感。可即使这样,大家心里并没有完全放松,差不多都在想着饭后将要去迎佛,沸天的热闹即将开始,三天三夜恐怕全无一刻安宁。但同时呐喊、烦乱、狂欢,正是他们心理上所需要的东西。正像一支平淡呆板的乐曲,绝不能打动听者的心弦,路旁没有涟漪的死水,绝不能勾起行人的注意一样,一向单调的生活也绝不能满足这些农民。

上月送到寺庙里去暂存的佛像,要重新迎回家里来。今天的接待规模比起送佛的那天要大多了:不仅积极参加的人数多,前来看热闹的人更多。这三天中,所有的仪式都是七家人联合在一起。因此,迎佛也不例外。吃过早饭,各家都赶忙预备,等到寨尾几家开始出动,其余几家就陆续加入其中,结果中途路上,连成了一个长长的队伍。先到家房的先请佛,接着先走,下一家完成同样的程序后,接着加入归程,所以同样长长的、不间断的队伍又出现在乡间小路上,成为一道奇观。

一旦佛像请到家,各家陈设的供品就算全了。这天整个下午,差不多都花费在布置供品上。所有的供品全放在院心的竹棚里陈设起来,以便于大家参观。一般总要有几样稀奇的东西引起大家的注意,有的是以质取胜,有的是以量夸,以此来博得参观者的喝彩。下表将证实各家为希望自己家的陈设比别家的更好而所做的努力。

表2 做摆七家佛前供品清单

供品项目 \ 家名	线一巴嘎软木糠	龚老辛巴嘎软恩	线老头巴嘎峦像	线二巴嘎峦像	金寡妇与囊寡妇巴嘎软恩	金巴嘎软恩	邦巴嘎软木糠
大佛像	1	1	1	1	1	1	1
小佛像	3	4	3	4	2	1	3
绸佛伞	4	2	3	1	1	1	2
纸佛伞	2	2	1	3	3	2	1

续　表

家名 供品项目	线一 巴嘎 软木糠	龚老辛 巴嘎 软恩	线老头 巴嘎 峦像	线二 巴嘎 峦像	金寡妇与 囊寡妇 巴嘎 软恩	金 巴嘎 软恩	邦 巴嘎 软木糠
宫灯	1对	1对	2对	1对	1对	1对	1对
吊灯	1对	1对	1对	1对	无	1对	1对
金银树盆景	50盆	4盆	2盆	2盆	2盆	2盆	2盆
佛垂	2对	1对	1对	1对	1对	1对	1对
佛瓢	1对	1对	1对	1对	无	1对	2对
佛帐	1（织锦）	2(1织锦1纸)	1（织锦）	1（织锦）	2(1织锦1纸)	1(1纸)	1(上等丝)
佛后圆光	1	无	无	无	无	无	无
孔雀毛佛饰	1	1	无	1	1	1	无
披单	30	30	20	10	2	8	6
枕头	9对	8对	3对	2对	2对	2对	2对
被盖	2床	4床	6床	2床	2床	2床	2床
衣服	2架	2架	2架	1架	1架	1架	无
经书	20	20	16	10	5	4	6
纸扎房屋	1	4	0	0	1	2	1
纸扎动物	2(1象1马)	4	0	0	0	0	0
佛座	2(1大1小)	4	2	3	0	0	1
布亭	11	17	8	7	6	5	5
窑瓷茶瓶	1	1	0	0	0	0	0
窑瓷茶具	0	1套	0	0	0	0	0

续 表

家名 供品项目	线一 巴嘎 软木糠	龚老辛 巴嘎 软恩	线老头 巴嘎 峦像	线二 巴嘎 峦像	金寡妇与 囊寡妇 巴嘎 软恩	金 巴嘎 软恩	邦 巴嘎 软木糠
饭盒	0	1套	0	0	0	0	0
钵	0	1	0	1	0	0	0
拖鞋	0	1双	0	0	1双	0	0
纸花	0	0	2瓶	0	2瓶	0	2瓶
羽毛扇	0	1	0	0	0	0	0
花瓶	0	2	0	0	0	0	0
其他			银佛一座	后装镜子的大佛像极精致的钞票亭			

线一家和龚老辛家的供品数量和质量都超过其他各家,给参观者留下了最深的印象。线老头家最突出的特色是一尊银铸的佛像。线二家在主大佛像背面放了一面镜子,还有一个用两沓二十元法票装扎成的一座小亭,赢得了许多人的羡慕。邦家的特色是挂在佛像前的一幅华丽丝绣的大佛帐。对于这些陈设,众多的参观者都是以羡慕的眼光欣赏着。七家中有五家无疑达到了给参观者留下了特别印象的目的,为自己赢得了荣誉。三天的摆结束后,也许人们还会继续讨论这些东西的精美,甚至在他们死后,人们还会津津乐道地追忆他们这影响子孙后代声望的豪举。

那天吃晚饭的人同早上差不多。本寨的客人也有参加的,不过数目不多。工作了整整一天的青年男女们,现在也感觉需要好好消遣一下了。等到晚饭开过,寨里的鼓声越加响亮,他们便开始收拾火把鞭炮,准备看今夜通宵的狂欢。

天刚一黑,家家便立即燃起了耀眼的火把。院心里更是挂着对对的明灯。灿烂的光芒照射在供品上,使竹棚里变得一片红艳艳。中间鲜艳的光与屋檐下的白布亭形成鲜明的对照。从上面俯视的话,可以看到院心中是鲜红一圈,外面是一圈粉红色,再外是一圈渐隐在周围夜色中的灰白色,成为一道五彩的美景。

嘈杂声渐渐平息下来,昼夜不停的鼓声,此时随风阵阵传来,感觉尤其清楚,大家都有点厌烦了。忽然寨头寨尾也响起了一阵阵轻快的脚鼓声,并夹杂着几声悠扬的号角。鼓声愈来愈近,大家知道邻寨来了庆贺的客人。喧闹了一天刚刚得到片刻闲暇的那木寨重又进入喧嚷的境界中,母亲怀抱小孩,青年男女手拉着手,片刻时间,家家院心里挤的都是人。灯光映着他们身上的红毯。在阵阵的鞭炮声中,几十个男女手执火把,走向被映红的人们。他们边走边唱:

> 我们来自遥远的邻寨,
> 为了主人的善行,
> 特地不辞辛苦而来,
> 表示我们的爱戴。
> 山不能算为高,
> 主人的善行巍峨。
> 江不能算为长,
> 主人的功德无量。
> 喊喊!呀呀!

歌词唱完,鼓声顿时加急。几个男子开始跳舞,并边跳边唱第二首歌:

> 山上的松柏虽然长青,
> 却不能如主人阴功无极;
> 夜夜的星月灿烂,
> 终比不上主人的善行无量;
> 人生有钱须当做摆,
> 不想献佛便是痴汉。
> 喊喊!呀呀!

人人都可以加入合唱几句,调虽相同,而歌词可能随个人变化。他们尽情地唱啊跳啊,然后主人出来道谢,并送些果品之类款待他们。大队又上别家去道贺,而这家由别队来继续。外寨道贺的队伍轮流来过后,本寨的又补上。外寨来的,在最后一家吃过宵夜后,便准备回家。此时圆月挂上了中天,时间已是半夜。他们一面打着脚鼓,一面喊呀地喊着,走上归途。几十枝明亮的火把,穿林过树,常使宿鸟惊晓,纷飞乱啼。

曾一度减弱为配乐的脚鼓声,重又恢复了它们单调的击法,不过现在听起来像是微弱的催眠曲了。人们逐渐散去,然而寨前寨后,仍是簇簇的人影,看热闹的,参加歌舞的,僻静角落里谈情说爱的。做摆本来在一定程度上是狂欢的时节,行动多少越规一些,通常也会被宽恕。随着更鸡长鸣,东方出现了黎明的曙光。熊熊的火把已经消失,不过处处还是闪烁的灯烛,鼓声终不灭绝,这正表明全寨做摆的热情并未降低,明天见到的将是一个更加兴奋的场面。

七

正摆是最热闹的一天。天刚刚亮,各家做摆的早已门庭若市,挤满了人。各家主人今天不能亲自去迎客,只能坐在正屋里,静待客人们的庆贺。为此,他只好把有些本来主人该做的事务委托给别人。帮忙的自然清楚今天的重要性,大家也随时准备着忙活那么多需要他们照料的事情。一会儿派去邀请土司官来观礼的专使动身了,来自本寨以及外寨的参观人潮,开始涌进寨里的大街小巷。到处都站满了人,几乎找不出一块空地来。这种情形从清晨一直持续到午夜。

各家做摆的正屋完全敞开,正中间摆着大佛像,几尊小佛像则放在两边。每尊佛像后面张着一把鲜艳的佛伞,前面依次挂着的是珠光灿烂的佛垂、制作玲珑的宫灯和挂灯。外面走廊上一组纸扎动物注视着大家,几盆妩媚迎人的纸花,对对地摆在两旁。正屋地上是用来坐的厚厚的红毡,靠墙处几十只杏黄绸制的方枕,两头镶着绣花的红缎,堆得像座金字塔。"陪坐者"的浅色衣着调和了屋里的整体色调,使得那些绚丽的黄色、耀眼的红色以及各类陈设所呈现出的艳丽色彩显得更加平和。相反,在这些耀眼色彩的映衬下,他们的衣服看上去更加素净、皎洁。这些"陪坐者"共七位,是特邀嘉宾。通常主人坐在前面,七位陪坐者坐在两侧。一位布冡则作为司仪,坐在右侧。佛像很好地烘托出室内布景,家具摆件陈列得当,在座众人表现得雍容静肃,和蔼庄严。在这样的环境下,任何人不由得不感到一种严肃的气氛,如露入心,荡涤了一切俗世的欲念情思。宗教仪式的妙用,可谓一览无余。

门外鞭炮声开始响个不停,接着进来了三十多个客人:为首两个抬着一座布亭(用来传达佛祖的精神,因而是空的),其次的几个肩上担着其他礼物,这些礼物包括四箩白米、几千铜制钱、两大担香蕉木瓜。大家走到院心里,将礼物放到屋檐下,让帮忙的拿走,锣声一响,全体一齐面向正屋跪下。布冢先上前问清他们来自哪一寨、何人为首,然后为他们祷告说:"今有某某寨民某某等,今虔诚来供献香稻鲜果敬祈佛祖赐纳,并恳求佛祖百事保护,早赐宝座。"客人同声说"有福同享",然后起立,随即由帮忙的引到后面去吃饭。今天做摆的家家都是一样的情形。一起还没走完过场,而门外的鞭炮声已经宣告了另一起的到来。实际上,同时等候的可能有好几起。

外面广场上、后园里,放置了二十到四十张桌子,一桌可坐六七个人,四十多张桌子,亦仅能容纳十几起人。因此不到半小时,全部桌子都坐得满满的,后来的只好等着了。后面的人更潮水般地涌进来,这时坐在桌子上吃饭的,人人都明白今天的情形,大家都是匆匆地随便吃一点,赶快腾开地方给新来的。这时候最苦的是在桌旁服务的小菩色,和厨房里的小菩毛。人是这样多,厨具、碗筷却有限,只好上一起吃完撤走洗好,下一起再用。洗碗筷,揩桌子,服侍下一起的就座,找这找那,都要由小菩毛、小菩色来做。另外还要注意碗空了添菜,最后盛饭装汤。总之,事事都离不了他们几个。

以线一家来说,那天从八点半起,直到十二点还有人在吃饭。没有人记得四十多张桌子究竟坐过多少次人。吃饭的速度各有不同,有的早已吃完,有的才刚刚开始,吃完的马上离开让位给等着的人。因此,小菩毛和小菩色根本无法记清究竟有多少起人吃饭。

各样饭菜都已准备好,管菜的只认得见碗加菜,哪里还会用心估算加了多少碗。我算了一下,那天来作庆祝的一共有二十六起,各起人数多少不一,按平均每起二十人计算,也有五百多人。另外还有本寨的客人和家里帮忙的。七家加起来的消耗,不仅惊人,而且也远远超出任何一家的能力。难怪要几家同时做摆,这样几千人的饭食可以大家分担。

仪式不能被遗漏的一个显著特征是主人的态度。客人们今天所拜的是佛祖,并不是主人。但是主人却正踞正位,接受一般人的跪拜,丝毫没有还礼的表示。在摆夷生活中,能接受别人跪拜的,仅限于三种人:长上有权受卑幼的跪拜;土司贵族对于治属;作为全体寨民精神领袖的寺庙住持。而现在,第一,客人中有的年龄、地位都超过他,第二,他既不是土司更不是大佛爷。一旦成为做摆主人,即使是普通人,他也可以获得受人跪拜的权利。

正午的时候,老祖太(土司的母亲)和新祖爷(未来的土司)到寨里来了,憩息在伙头家楼上,各家主人赶快过去叩头请安。招待这些高贵的客人,自然是由头人们去负责,各家不过送些鸡鸭鱼肉以及其他所需的食物给头人们。老祖太同时也派总管将献给佛祖的礼物送到各家。礼物是每家两件披单、每块约三喱半重的碎银和一些果品。

这是非同寻常的事,向来土司是不履足百姓人家的,无论多重要的场合,不管婚丧还是嫁娶,平民从不奢望会有土司到场,更不能盼望土司来送礼。但做摆就不同了,请到土司,土司不仅派人来送礼致贺,同时还亲身驾临道贺。通常他会一家一家去看看,像个行家一样赏光赏光各家的供品。假使他在一件特别物品前逗留的话,主人就有机会大加解释一番。这样,平民就有机会同土司直接谈话了,对他们来说,这是一种真正的荣耀。

八

寨尾放鞭炮是表示绕冢的游行开始了。今天的那木真有万人空巷的情形。一公里多的一条通衢,已被涌来的人群堵住。交通算是完全断绝,要费尽全力才能移动几步。那些看不清的人,搬来了凳子、桌子站上去,有的甚至爬到了屋顶上。

游行队伍未来之前,一些应时而兴的零售摊吸引了大部分人。仅仅为了使自己的嘴不闲着,他们都愿向小贩买点芒果、槟榔嚼嚼。不过等到鞭炮一响,全通衢的人突然来一个骚动,完全把小贩抛到了脑后。

队伍渐渐临近,整个人群立即沉寂下去。开头看见的是几挂烟火迷漫的鞭炮,随后六个脚鼓手,敲着鼓,慢慢地踱着方步。鞭炮声、锣鼓声,不时的放枪声弄得人震耳欲聋,几乎不可能听见彼此的谈话。

正在大家越来越兴奋的时候,眼前突然换了一番景色,好似由一支雄壮的进行曲转成了一支幽媚的小夜曲一样,呈现在眼前的是一群妩媚动人的小菩色,人人打扮得锦衣鲜明。穿的是浅色对襟的短袄,一条金银线交织成的系裙,头上戴着一个粗如拇指、径逾一尺的镀金项圈。发边各插上几枝盛开的素馨。手里拿的尽是那些献给佛祖的绚丽的佛饰和灯彩之类的,无怪乎留给参观者的印象与喧闹的鼓声、鞭炮声完全不同了。她们两个人并排走,每个人手拿一对供品,一连有十多排。

跟着是五个大竹架,架边裱着花纸,上面放着些太大不好拿在手里的供品如花瓶、衣服之类。锵锵的磬声后面,则是几尊金碧辉煌的佛像了。几尊小佛像旁边,是主人的儿媳,她们也都穿着最好的衣服,随手撒着米花。主人翁走在六个人合抬的大佛像前面的白伞下。他通身雪白的衣服,缠着白头。他太太也穿着和他相同颜色的衣服,走在他旁边。主人翁们脚步放得很慢,两眼直向着前方,做出那种目不斜视的严肃神情。不过嘴角边一丝的微笑,没有人会误解。

  能做摆的年龄大致都在四十岁以上了。他们已在田间辛苦劳作了二十多年,披星戴月,栉风沐雨,早已成为生活中的例行公事;即使是富家子弟,因劳力缺乏,有时也必须在田间辛苦劳作;那些没有父母遗荫的,更是要辛苦劳作,其经历的艰难困苦,大家很容易想象得出来。等到能满足生活需要并有所节余的时候,他又有了新的希望,绝不会满足于现状。他们又在期待着他人的拥戴和来世的欢乐。既然他已承诺做摆,他的愿望也就可以实现了。现在他是一个巴嘎(封给做善行的人的光荣称号)了,多年来的奔忙终换得今天的这身荣耀也值得了。

  每尊佛像的旁边不仅做摆的不停地撒米花,看热闹的每逢佛像经过的时候,也是大把的米花抛出来,尤其是亲临冢房观礼的老祖太(土司的母亲)撒得更多。当第七次米花撒过的时候,先头进冢房的一家,且已在冢房附近绕过三圈,重新折向归途了。待第七家绕过三圈后,老祖太开始料理动身回城子,看热闹的已渐次散去,剩下只是撒满米花的空巷,仿佛刚下过一场春雪。全寨的狗因此意外地大吃一顿。

九

  吃晚饭的客人已不像晨间那样多。帮忙的可以偷闲一会儿,客人们也可以不必匆匆吃完离开,尽可以豪饮作乐,猜拳喊叫。等到残席散尽,月亮已从山后升起。不久,四面八方重又传来澎湃的脚鼓声,宣告着"绕佛"活动即将开始。今晚前来绕佛庆祝的并不少于昨晚。实际上,因为小菩毛准备了一些烟火助兴的缘故,来的人反而更多了。通衢上又活跃了起来,那木寨逐渐变得灯火通明。除去少部分儿童和中年妇女外,大家差不多全有熬通宵的准备。

做摆的七家今晚全数要念经,老人们必得要去。可冢房只有一位大佛爷,虽然请得曼牛的大佛爷来帮忙,但仍然没有足够的时间将事情全做好。一家最少两个钟头,若每位大佛爷念三家,实际需要六个钟头,再加上两个钟头的休息、抽烟、吃宵夜时间。最早从夜里八点钟开始(通常要晚得多),至少得到第二天四点钟左右才能做完三家。还剩下一家未走,只好请他的助手二佛爷去敷衍了。在这样的情形下,先请到大佛爷的,自然是幸运的,其他几家也只好耐心等待了。念经是严肃的事,主人当然不愿意让等得不耐烦的客人先走,但要留住他们又特别难。除了老人谁会熬夜来听经?

中年人和其余帮忙的,也不能睡,要清洗、整理前两天使用的家具和用具,清点损坏的,看看食品和用具是否有需要补充的。无事的呢,则亲自去各家庆祝一下,毕竟做摆是件好事。要是昨晚的话,小菩毛肯定会参加,不过今晚通衢上有更好的娱乐。屋里需要他做点事,根本找不到他,即使找到了,他也不听吩咐。有的说他要在通衢上放烟火,有的说队长吩咐他维持秩序,防备有人捣乱;即使叫着几个愿意干的,一看上有个小菩色,他又溜之大吉,所以最可靠的还是中年人。中年人和老年人是想睡而不能睡,而青年人则只是不想睡。

几家还没念经的家里被围得水泄不通。那些来庆祝的人，一起一起地到达，有本寨的，有外寨的。每到一起，又得像昨天晚上般在主人家唱一番。通衢上有小菩毛在放烟火，放了十五到三十分钟。放完鞭炮，他们不想让看热闹的失望，所以一起舞起狮子，一起开始表演国术，另一起甚至唱起了戏。今晚处处都有来自本寨和外寨的小菩色，此时当然是小菩毛显扬他们技艺的绝好机会。

院心里只有肃穆的宗教活动，所以通衢上的吸引力比院心里大得多，看热闹的自然涌向通衢了。只想看热闹的，可以在站在角落里看别人的表现。爱出风头的，加入任何一个庆祝队伍，都是大受欢迎的。厌弃喧嚣、性好清静的，则可以到院心里坐坐，听听大佛爷悠扬响亮地念经，临走主人还招待他们吃点粑粑片。

小菩毛更是无拘无束了。有爱人的，找个僻静的角落约会，讲讲悄悄话，或是到处逛逛，完全由自己做主。至于那些没有爱人的小菩毛，也觉得这是千金一刻的机会，因为其他时间绝不可能有这么多小菩色集合在一处。现在是选择自己中意小菩色的绝佳机会。胆子大点的，立即行动，院心里、通衢上，尽你的本领去追。小菩色愿意，自然好，不成功的，权当一个小小的玩笑，不会造成伤害。胆子小一点的，不好意思像别人那样蛮干，也总会找到机会。到各家厨房跑跑，可以发现有十多个小菩色在那里服役。在旁边帮帮忙，巴结巴结她们，最终也会达到目的。

因此这些年青小菩毛人人都是精神百倍，毫无睡意。当天色慢慢吐白，大佛爷念完最后一家经，一行人踏上回家房的归途时，刚刚被狂欢的人们遗弃的通衢上又重新活跃了起来。

+

　　第二、第三天最辛苦的首数两位大佛爷。第二天晚上整夜地念经没有住口,第三天又要被请去做别的事。他们几乎来不及抽支烟,打个盹,就又要忙着去给做摆的封赠名。赠名是件重要事,万不可请人代理,因为除了大佛爷,任何人没有权利给某人一个巴嘎的名字。实际上,赠名远比昨天的念经重要得多,做摆的主人花了多少钱,要的也不过是这个名字而已。所以不论大佛爷如何劳累、如何疲倦,他们也必须亲自主持仪式。

　　尽管时间有限,他们也不得不从头到尾完成仪式中的每个细节。每到一家,大佛爷马上坐到竹棚正中,四周围着一般老年的善男信女。布冡先来献过供物,他就开始念一段经文,然后颁布某人应得什么名号,表示他做善事的多少。结束时全场再合念一遍经文,大佛爷又赶着去别家了。

　　做摆所得的称号有两种:对做合摆的称号是汤姆(Tamn),夷语是"善人"的意思。一般人并不把它看作是什么显赫的称号,地位实较巴嘎低下得多。巴嘎(Paga)意思是"大善人"。只有做大摆者才能获得。而巴嘎后面的词尾又表示做摆次数的多少。第一次做摆的,后加 Ramn,意为"银",因而 Pagaramn 犹记其善行可以赛过银子。做过两次摆的,后加 Rankong,意为"金",犹言其善行可以抵得黄金。第三次做摆的,后加 Ramhsientiang,意为"珠宝";第四次做摆的,后加 Luan,意为"山",犹言其善行如山。第五次做摆的,后加 Tsuantiang,意为"高峰",犹言其善行较人的为高,已抵山尖。第六次做摆的,后加 Tsuamtin,意为"云",犹言其善行已越山尖而达于云。凡于做大摆时同时再捐造桥梁一座者，于其语尾再加 He 以资识别。He 即夷语"桥梁"之意。

在想象中，关于获得这个称号的仪式，应该是多么地庄严，而实际的情形并非如此。所有做摆的活动中，最没意思的要首推这一个仪式了。参加的始终就没有拿它当回事，大佛爷的态度也觉得太随便些。奇怪的是没有任何迹象表明他们正在参加一项重要活动。直到颁布某人应该叫什么名字的时候，参加的看起来都没有任何特异的表现。

这一点很容易解释。重要的不是做摆的是否会得到一个名字——会得到什么名字，这些都是家喻户晓、老幼皆知的事实，并且规定得像一个公式样的刻板。重要的是他是否做过摆和做摆的质量如何。若做过摆，理所当然应该得到相应的名字。事实上，就寨民而言，使他得到这名字的，只不过是摆。从这点来看，大佛爷颁布名字的仪式确实有点多此一举。因此也就不能期盼人们对它会有多少兴趣。

十一

当大佛爷在一家颁布名号的时候，其余几家却在忙着应付另外一个活动。小菩毛和小菩色在举行被称为干躲的活动。他们忙了这几天，不是在厨房里帮忙，在饭桌旁服务，就是在通衢上放烟火、表演技艺，娱乐观众，或躲在角落里自己寻乐，他们还没有机会正式向主人道贺，最后才轮到了他们。他们依性别分成两个团体，与昨晚的庆祝队伍一样到做摆的人家来正式祝贺了。这便是干躲。每个团体也随一份礼，由大家平摊费用，拼起来挑在前面，向做摆的家里进发。很快，屋里就挤满了青年男女。主人本来很愿意留他们吃午饭,但他们必须马上离开,下午做摆的各家还有很多事要他们帮忙。他们一般会得到一些米和肉,等今晚做完事后,会做一顿丰盛的宵夜吃。

十二

下午的时候,七家仍合在一起来结束这最后的活动。最后是将佛像送到冢房去,此后他们成为大佛爷的私有财产。今天看热闹的比昨天少得多,实际上是几乎没人,因为没有一个专程出来等候看热闹。那些聚在一起的也不过是被脚鼓声给唤出来的。街上没有鞭炮,枪也不放,脚鼓是唯一的伴乐。只有冢房里可以说是热闹。佛殿里早已挤满了佛像,根本没地方放下这么多供品。冢房本身已有三尊大佛像,历年寨里做摆送来的也不下六十多尊。现在又送来二十七尊,要放在哪里确实是个问题。佛殿顶部已挂满了各种彩带、旗子、佛帐、宫灯、吊灯等佛饰。它们已失去了装饰或实用功效,使整个冢房看起来更像个绸庄加灯笼店。难办的是做摆的主人花了多少金钱,制作的费了多少时光,虽是无用,却也不能拒绝,大佛爷无法可想,只好叫小和尚将顶板上旧的挤一挤,将新的勉强挂上去。想想耗费多少时间、金钱、材料和精力,制成的这一批精美的物品,最终被挂在这布满灰尘的地方,留给它们的同样是被忽视、遗弃。它们的尊荣如此短暂,就像一场好梦,不会持久。从此油烟、尘灰将是它们以后岁月的伴侣,等待它们的是未知的命运。在功利主义者看来,有什么比这更浪费的呢?不过,其中有些有用的东西如衣服之类的,又经常会被大佛爷卖出来,可能会摆脱冢房的永久监管。不过说不定又被人购买,下次做摆时又再度送进去了。

十三

最后,每一家在冢房广场墙边上竖一根五六丈高的高杆。杆上系着一幅长约三丈、宽约一尺的布幡。或用从缅甸买来的特制竹幡代之。摆夷相信,做摆的死后,幡可以指引他找到他在天堂的宝座。因他做过一次摆,他的祖先也会在天堂上同样得到一个座位。不过恐怕他们一时找不着,所以也应该立杆指点他们。可是杆子只有两丈多高,布幡也短得很。因一般摆夷对于祖先的概念,仅限于父母和新亡兄弟姊妹,因此一株长杆下至多有三棵短杆。这块飘扬天际、迎风招展的布幡,死后能否指引这位主人找到他的宝座,我不得而知,但我倾向于认为他们这是借此让别人知道他们事先预定了天堂的幸福。每值日轮西沉,原野里散步归来的时候,房东不知告诉我多少次:他说飘扬在晚霞中的那块系着鱼尾形的布幡是指引他的。我顺着他手指方向看去,只见那无际的晴空中,仅有吐赤如火的夕阳,和着万抹绚艳夺目的晚霞,并不能看见任何等待主人到来的宝座。不过在那幅蜿蜒飞腾、势若惊龙的布幡上,我的确发现一样东西,那便是有多少的血汗附在上面。

十四

布幡竖好,这一场大事就算从此了结,帮忙的丰丰富富吃顿晚饭,等到微有醉意,就想着回去睡觉。前两夜的过度劳累已使大家精疲力尽,确实需要睡个好觉了。尤其是各家做摆的更渴望着早早休息。

可他们还不能睡。青年男女们还不尽兴,他们不想整个事情就这样平静地谢幕。尽管知道做摆的各家需要休息,但年轻人并不想让他们如愿以偿,偏爱搞恶作剧捉弄人。全体青年男女分成若干小队,拼命地在各家院心里乱喊乱叫,又是打鼓,又是敲锣。他们自称是来慰劳大家,为主人加油,来增加点生气。各家主人最初还可以忍耐,但很快就意识到若不管他们,他们可能会扯到天亮。不能诉诸武力,因为那样是不友好的,而且他们策划的热闹尾声是传统认可的,当然不能将他们驱逐出去。只好拿点钱出来酬谢他们。目的达到,他们自然会安然撤退。只可惜年轻人分成若干队,一队刚去,一队又来,主人花费了不少钱米才算全部把他们打发走。而他们用这些钱米,又可以办好几天的聚餐。

十五

银月的光辉,照得大地如同白昼,沉醉的晚风吹得年青人的心里发痒,如此良辰,哪个想睡,何况做摆的机会一年才有一度呢?今晚是青年男女们独有的世界。成群的,成双成对的,玩得是多么开心。不知道在什么时候,他们才去休息。不过我想他们去睡的时候一定睡得很熟,梦中都觉得自己在做摆:穿着白衣服,走在白伞下,看热闹的人们用羡慕和妒忌的眼光看着他们。

梦虽是虚幻的,不过伟大的事业,哪一件最初不肇始于渺茫的梦境?它指引着傣族青年男女安排各自将来的人生岁月,这一个似乎很空虚又似乎很实在的宝座却引诱住了每个摆夷,逼着他们劳劳碌碌在尘世中工作受苦。摆的鼓声虽则沉寂了,摆的欢宴虽则散场了,可是它抓住每个人的心头,它给每个人生活的动力。年轻小伙子在农田上劳作,姑娘们在深夜里刺绣,为的是摆。摆是他们人生的目标。摆永远在摆夷心中。

第三章 公摆

上一章我描写了大摆。可是摆夷还有其他也称作摆的宗教活动,它们有点像公共活动,而不是像大摆一样的私人仪式。我为了叙述上的方便,把这些被分成五种的活动称作公摆,虽则摆夷自己并不使用这个称呼。

1. 合摆

我亲自参加过两次这样的活动:第一次是在弄砍,另一次是在法帕。在弄砍,有二十多个小菩毛和小菩色,上年收获的时候,帮村里的人家割了十天的谷子。通常的报酬是一个人帮工一天可得一箩①谷子。以此推算,二十个人帮工十天可换得两百多箩谷子。不过其中大多数人的家庭经济条件很好,他们出来帮工是作为友好的表示,而不是为了报酬。甚而有的说他们之所以来帮人割谷子,就是想挣点钱来做趟摆,其余家庭情形不好的几个,对报酬的处理心里或者另有打算,但是很快也就同意了他们的提议,因为人人都认为做摆是好事,好多人为了做摆甚至不惜举债,所以自己也不好反对。于是大家把自己的意思告诉几家田主,他们也一致赞成,觉得将谷子献给佛祖比给帮忙的报酬,出得更有价值,更

---

① 详见第六章。

有意义。为了满足年轻人的宗教热情,有的人家比事先约定的报酬多加几箩谷子,本来两百箩谷子值两百块银元,结果年轻人得到两百七十块银元。依当时折换率约合法币一千五百元。这样一个小数目做大摆,决不可能,甚至还不够到南坎买尊佛以及路上的花费。在同冢房的大佛爷商量了多次后,决定做一块匾挂在冢房里。日期也由佛爷择在下年正月初九,大家都回去做必要的准备。

　　做摆当然不能由小菩毛和小菩色包办一切;大佛爷得请来主持,还得请外寨的佛爷来帮忙。另外还得请几位老巴嘎做指导。预备饭食也不能完全由小菩色负责,因为她们虽然能干,但毕竟缺乏经验,万一出现意外就会不知所措。然后还有一些零碎的事情几乎要请全村老幼来帮忙。这样一个少数人的活动逐渐变为公共的活动。

　　离做摆还有一天,全村已经是一派活跃的景象。冢房的广场上,聚集了全村的男女老幼,有的看热闹,有的来帮忙。他们坚信做摆会对做摆的产生有益影响,譬如年轻人做摆可以消灾避难,祛病延年。村里做摆的人越多,影响越大,结果全村都沾他们的福荫,如有能力、时间可以效劳的话,谁也愿意参加。

　　冢房广场上到处堆满了长短不一的大帮的竹子。中年男子手拿削竹刀,正在忙着预备竹架、家具、吃饭的竹棚……一小片短竹子也可以做双很好的筷子,一点也不浪费。中年女子正忙着搭灶,洗锅。

　　这次合摆因为钱太少,只能素食,所以事情比较简单。做摆的年轻人也就趁机偷偷懒,有的小菩色还多少帮帮忙,而小菩毛则避开工作,又是敲鼓又是跳舞,弄得非常喧嚣,好像做摆不是他们自己的事。

初九的早晨,一大早,全村都在骚动中。全村几乎半数都会来吃饭,因而男子被派出去借碗借盘、借厨具。一位老巴嘎早早地坐在广场上小竹棚里,身穿白短衣、白裤,头缠白包头,准备代表主人收纳功德。礼物一般最少是一斗①米、一百个铜制钱和一些蔬菜、香蕉、菠萝、木瓜、鲜花。许多人是家里现成有什么就献什么,只消两个钟点,献礼就已经将棚里塞得满满的。

临近吃饭的时候,情形更是热闹。大人、小孩将各种家具、桌凳、碗筷等抬到广场上安排好,一桌挨着一桌,直到几十张桌子将广场里排得满满的。然后大家围桌坐下来,人一坐下,就有一桌菜摆好;碗一空,马上就会再添满。汤饭更是无限量供应。在桌旁服务的是小菩色。她们几乎来自寨中各家,在"队长"的领导下,前来服役。在这样的场合下在桌旁服务是小菩色传统应尽的义务。即使她们不喜欢这工作,也不会有违背"队长"命令的想法。而且没人能猜得出她们是在被迫服务,因为看起来人人都是很高兴地在做。而早晨消耗了太多能量打鼓的小菩毛,现在则什么事都不做了。

下午两点钟的时候,"迎佛"的队伍出发了。其实大家所谓的"佛",就是那一块匾。这队伍包括做摆的二十多个主人翁,全村的小菩毛和小菩色,以及几位老巴嘎。最先是放鞭炮的,其次是几个锣鼓手,一面迈着迷人的舞步,一面将锣鼓敲得震天响。为了今天的表演,他们前两天已进行了多次的练习,因为太劳累,后面还跟着一个预备队。在这支异乎寻常的混合乐队的后面,跟着一些宾客。再后是几位主人翁,最末是几个人抬着预备迎佛的脚架。这

---

① 参见第六章。

脚架尺寸不大，但上面装扎着种种鲜花和绸子。在脚架的前后几位老巴嘎正把大袋的米花一面走，一面撒。护送整个队伍的是几个肩上架着火药枪的小菩毛，因为安放火药太困难，所以要过一会儿才能放一枪。

这块匾是请那木冢房大佛爷代为制作，所以迎佛队伍最终须到那儿迎取，到达那木寨，开始放鞭炮、放枪、锣鼓敲得震天响宣告他们的到来，引得全寨人出来看热闹。到了冢房，老巴嘎前去叩头，请大佛爷祝福。这不是什么隆重的仪式，不到五分钟，一切都已办妥。在回弄砍的路上，队伍得到重大奖赏——大佛爷随行，他骑马走在最后，旁边跟了两个小和尚。他们三人算是弄砍的小菩毛和小菩色邀请到的贵宾。路上不知撒了多少米花，换了多少鼓手，迎佛队伍终于到家了，村民们正在那儿等着他们回来。这价格四十七块银元的红漆匾现在终于放进冢房了。佛殿匾前跪满了巴嘎，正带着年轻人做祈祷。为首是一个布冢，他代表做摆的向佛祖的人间代表——大佛爷祈祷，他讲着这样的词句：最先他说有某某等人，现在用什么东西献给佛祖，但是他们与佛祖之间相隔太远，希望佛爷允许他们转呈这些物品，并代他们在佛祖前剖白他们这番意思。然后他将装有钱、鲜花等物的竹盘呈给佛爷。佛爷将这些东西接到手之后，表示应允他们的请求，开始对大众念一段经文。接着佛爷宣称：某某等人所呈献的东西，佛祖已经收纳，他们的善行有如银子，所以应该获得"汤姆软恩"的称谓。而且佛祖在天上已经为他们预备了他们的座位，并时时保佑他们。接着大家一同念一段感谢佛祖的经文，叩头谢恩。跪在老人后面的是二十多个小菩毛、小菩色，他们费了多少心，受尽多少辛苦，唯一所得的酬劳，就是刚才封给他们的这一个称号。仪式完毕，大家开始向他们道贺。最后他们还得再酬谢佛爷一笔钱。那一次,佛爷一共收到三十块银元。

当天晚饭情形同早饭差不多,不过人数更多。饭后,老人、中年人都已回去休息。广场上仅剩下小菩毛、小菩色和一些儿童。他们手拉手围成一个圆圈唱啊,跳啊,笑个没完。偶尔停一会儿,总有几个人自愿出来表演一套武术,或唱支歌曲。甚至有人出来舞回狮子。九点钟后,儿童也开始回家睡觉了,圈子越来越小,鼓声也越来越弱。而一对对的青年男女却到处都是,有的是旧日相识,有的是刚才广场中初次会面,有的更是外村人,想来这里交个新朋友,结果心愿达成。直到午夜,人数更少,广场上只剩下十多个适婚单身汉。他们因没有找到朋友而懊丧,将鼓敲得震天响。且歌且舞,像是要借此补偿自己的失意,但最终他们也离开了。

广场上现在空无一人了,广场上的竹棚大多已被晚上狂欢的人踩踏坏,堆成一堆。冢房屋檐下却挂上了一块横匾,在月光下发出昏暗的红光。若一旦被晚归的小菩毛手电筒射着的时候,还可以看见上面衬着"果是佛乡"四个金字。

我参加的法帕的一次合摆,规模比弄砍小得多。出钱的仅是八个小菩毛,他们全部的捐献不到一百块银元。凑上别人的功德约有一百五十块银元。好在请的人少,只提供一顿早饭,又是素食,故尚能维持。献佛是三尊泥胎贴金的佛像,高约一尺五左右,价格三十块现金。程序同弄砍差不多,不过人少得多。八个人中只有几个以前也做过这样合摆的人才得到称号,其余几个第一次做摆的,要等到下一次做摆,才能得到称号。

合摆花费极少,在摆夷眼中这样的活动没什么了不起,因而"汤姆软恩"之类的称号并不多受尊重。实际上,就社会地位来说,有称号的人并没有比无称号的人更受人尊敬。我的房东曾这样对我说过:"汤姆有什么稀罕,哪一个不是汤姆?"

2. 干躲摆

干躲摆通常在出凹的时候(凹是从六月十五到九月十五大佛受难的日子①)举行。这三个月,可能算是云南西南摆夷最沉闷的日子漫长而令人讨厌。整天是阴雨连绵,疟疾又是这样猖獗(在医院里百分之九十的病人患的是恶性疟疾)。这段时间里大家脸上都好像罩着一层阴影。他们禁止婚娶,忌用肉食,天天到冢房祈祷,供佛。虽说冢房里的这些虔诚活动最初是为了纪念大佛受难,但现在很难判断其中有多少成分是为了自己的解脱。与其说是慰藉大佛,不如说是想使自己平安地渡过这重难关。

出凹与刺鲁芬(雨季)的结束是一致的,接下来将是那丽日晶莹、天晴气爽的刺鲁柔(旱季)。农民们眼望着广阔田野里一片金黄色的谷子,更是喜不自胜,因而此时出现干躲摆的狂欢也就很容易理解了。

如前所述,三个月的雨季,摆夷的生活是沉闷而压抑的,人人都面带悲色,心事重重。中年人担心田里的稻作,可又怕发疟疾,只好待在家里闷闷不乐地礼佛。天天的大雨,郊野里是济流滚滚,水流没胫。村前村后的泥浆已深及脚踝。素来喜欢户外活动的青年男女以及小孩们,现在被关在自己家里,感觉非常痛苦。除了这沉闷的室内生活,吃的还要遵守一套规定,这种种的限制使家变成了监狱,等到最终天一放晴,人们可以外出的时候,他们的心情就

---

① 据佛教传说,大佛通常在雨季的三个月里,与他的弟子们住在某个寺庙里,遵守清规戒律。其他九个月,他则到处布道。当地人们解释说大佛受难的日子就是指佛祖在雨中受难。缅甸和暹罗也有这种信仰。

像囚犯得蒙释放时一样。总之，干躲摆应该比作早春的朝阳，它驱散了冬天的寒冷和沉闷；同时也好像枝头初透黄绿色的嫩芽，将春回大地的消息泄露人间。三月来阴暗、单调的空气被一扫而光。人们的喜悦达到极限，并在干躲摆中表现了出来。

当在凹期之时，每七天朝佛一次。干躲摆是在凹期结束的日子举行，因之干躲摆供家与凹期不同。譬如供品不同：凹期供家全村的供品离不了米饭、鲜花、果品，都是些容易得到的普通东西。而干躲摆供家，除了这些，还另外添上像一幅绣锦或佛经之类的东西，绣锦被用来装饰祭坛，或做佛像前的佛帐，其价值要在国币三百元以上，而佛经是五十元一本。与其他的人类一样，摆夷总感觉有一种不可抗拒的、想超过别人的冲动，总是想极力证明自己的供品珍贵且价值很高。

我参加的这次干躲摆最吸引人的地方莫过于游行。各家的供品都由自己的家人或请人专搭个架子抬着。全村至少有一半人出动参加这个游行。开道的是敲锣打鼓、放鞭炮的小菩毛，两旁护送的是不时鸣枪助威的小菩毛。接下来是长长的供品队伍。当然并非那木寨二百三十二家都会专扎一个架子，如自己的供品仅是三十个香蕉的话，就不值得专扎一个架子来游行。一般做法是几家供香蕉的将供品归在一处，用一个架子抬着。即使自己的供品仍不被人注意，他们也该知足了。几个已做过两三次摆的有钱老头，今天最引人注目。他们穿着一身白色的衣服，头上缠着白色的包头，抬着一把白布伞，有意显示出自己与别人的差别。他们自豪地走在自己的供品前面，一路走，一路撒米花。那木寨 1 482 人中的其他人则只能供普通的供品，衣着同平常差不多，在人群中一点也不显眼。巴嘎显眼的服装与其他人的平常衣着的差别是十分重要的,因它成为刺激后者做大摆的动力,从而使自己将来也能获得穿醒目衣服的权利。

干躲摆里大众供佛游行和其他的摆还没有什么特殊的地方。重要差别是在众人游行之后,青年男女的集体礼拜,就是他们所谓干躲。他们这样做是为了表示自己对社区宗教活动的关心,因三个月的凹期,老年人们天天去冢房朝拜,而他们仅仅做过一次炸嘎。炸嘎是指慰劳参加做摆或其他宗教活动的老年人的一种宗教仪式。

那木寨的青年男女无疑早在昨天已接到"队长"的命令,做好一切准备,届时还要亲自出席参加。待全体游行完毕后,小菩毛、小菩色三三两两地渐次聚向村尾。因活动全在白天进行,他们都没有什么轻率之举,都是很守规矩的样子。广场上除了几个练习脚鼓的在那里大跳大闹以外,一般都在安静地做自己的事。这种情形看似是某种莫名的力量,也许是习惯,但更像是一种体面感在不断地提醒他们要守规矩。在这种不寻常的力量的驱使下,连他们自己也搞不清为什么会这样做。

他们在广场上将准备的所有供品集中起来:鲜花、食物之类占大多数,间或有一些纸扎的供品在内,如纸伞、纸扎动物、佛殿装饰等。接下来男女分开,排成大致的队列,照例是相识的聚在一起,每排的人数是三到五人,五个人以上的情形很少。大队经过的路线仍从村头至村尾,因全村的年轻人都加入其中,于是队伍特长,脚鼓敲得分外响亮。

干躲摆通常只跟青年人联系在一起。冢房朝佛是老年人的特权,甚至到冢房朝佛,已经成为一般老年人的日常功课。在冢房里的朝佛活动,一般只允许中老年人参加。几乎在所有的摆中,青年人只能满足于履行自己的义务,冢房里"干躲"(叩拜)的事情向来没有他们的份,平常没有朝佛活动的日子他们更没有进冢房的机会。但今天在这特殊的干躲摆中,青年人不仅享有进冢房叩拜的权利,而且成为主角。当然,同时他们也知道自己照样要承担平常所有的相关义务。

这是青年人每年第二次进冢房朝佛,第一次是在元旦的冷细(新年)。但那次是全村男女老幼都参加,而不是青年人的特权。

尽管中年人、小孩可以参加其他的摆,可是在干躲摆里,他们都没有参加。因此,干躲摆可以说是青年人的摆,他们是整个活动的中心。看来是不同的年龄组有自己特有的摆。

干躲摆的仪式与以老年人为主角的其他摆亦有不同,它更简单。第一,布冢是做摆的和佛祖之间唯一的中介人,他们直接向佛祖祈祷,而不需佛祖的人间代表——大佛爷,在布冢和佛祖之间传达。第二,不必诵经,年轻人在佛像前一曲膝任务即算完成。总之,干躲摆被认为是属于特殊情况,是属于青年人的宗教生活计划之外的,因而不是那么重要,仪式也就不必那么复杂。

干躲摆当天有一次大聚餐。参加的人比任何一次公摆为多,物品也比任何一次公摆来得丰富。不仅有猪肉食品,甚至还可以喝酒。差不多全村有一半人参加,其他小摆聚餐人数则不过全寨四分之一的样子。结果花费太多,完全超出了青年人的承受能力,所以寨里拨出部分公款来补贴他们。晚上,青年男女们照例又是急切地去找朋友,有的甚至去别寨寻找自己喜欢的对象。

明天起人人得准备新谷登场,寨里重又走进一个新的季节,一年中最忙碌的季节,不过他们是越忙越高兴。

3. 挺塘摆

挺塘摆举行的时间,并没有固定在哪一天。它一般在两个阶段举行：在插秧前几天,或是在稻子进入黄熟期的时节。在中国西南雨量充沛的某些地方,农作物已经是一年两熟,但那木寨只种一季,这就使他们做挺塘摆的时间留有很大的余地,因而各寨之间差别很大。有的甚至发现插秧后做摆更方便。

我在那木寨那年是在四月十五日做挺塘摆。因为是闰月,本早该到来的雨水还迟迟不见影,农民刚刚放水泡田,离插秧还嫌早一点。而在往年四月中旬秧苗差不多都已经栽完。我问过大佛爷,时间早晚有没有什么关系？他说没有什么关系。他告诉我三年前他们就在三月十五日举行了一次挺塘摆,他认为做挺塘摆是为求菩萨保佑,早点迟点并没有什么差别。不过,日期的确定,与其他公共宗教活动日期的确定一样,完全操之于几个布冢和大佛爷之手。

那一天,村里广场上仍旧搭几座竹棚,全村合吃一顿晚饭。情形同其他类似的摆差不多,仍是素食,全村也禁止荤腥一天。吃饭时候,小菩色照旧在饭桌旁服务。

尽管有相似性,但挺塘摆还是有些方面与其他摆不同。它最显著的特点是所谓挺塘的命名。我注意到晚饭之前佛殿里举行了一个盛大的仪式,参加人员包括全村的老年人,大家都穿上了最好的衣服,颜色大都是深蓝色。老太太围上了一块二尺见方的黑布围巾。围巾以两角相对折成一个等边三角形,系在脖子上。他们每人手中提着一个提篮,篮内装有米饭、烧熟的蔬菜、果品等,或是不装米饭,换上一些粑粑片。他们络绎不绝地赶往冢房。

佛殿内击鼓三响,参加的人员立刻涌进佛殿。他们把青布鞋脱在外面，不到几分钟，石阶上、走廊上就仿佛打翻了墨水瓶似的，摆满了一地的鞋子。佛殿中悬吊着三十多根竹竿，每根竿挂上八个钩子，他们进入佛殿，先将篮子找个钩子挂起来，然后去虔诚拜佛。他们回去的时候，篮子仍挂在殿里，佛爷们收拾好供品后，会将篮子仍挂在原处，第二天主人来再将其取回。

在佛殿上，老太太们跪在当中，老巴嘎们跪在两侧，最前头是几位布冢，面对放在正对门口的墙壁中央的佛像。佛像的左侧，也面对门口的，是大佛爷和他的弟子，大佛爷离佛像最近。几位佛爷是坐着，身后靠着靠壁放的大堆黄绸的方枕，小和尚则站在钟鼓旁边。

摆夷的叩头与内地差不多，所谓跪仅是蹲下而已。仪式仍以布冢的祈祷为开始，他照旧请佛爷替这些寨民转呈他们的东西，大佛爷应允之后，开始由他的弟子念经，他则坐在一旁口里抽着香烟，一把香蕉叶做成的大蒲扇摇个不停。然后大佛爷也念一会儿，最后全体合念几段。经文完毕，钟鼓齐鸣，大家叩几个头，就算了结了这个仪式。

仪式结束后，大佛爷念经三晚，也就是大佛爷用一种哼唱的语调念专用的经文，全体会众都要来聆听大佛爷宣讲佛法。他们参加聆听宣讲佛法称为挺塘。

在那木寨头路边，有一个小小的瓦屋，长约八尺，横约四尺，高有一丈二尺，分为上下两层，不过下层却填满土墼，上层作为大佛爷念经的法台。这间小楼一年只有六天开过，搭个楼梯上去，平常楼锁门封，灰尘满目。今天无疑属于六天中的一天，土墼上的小楼一改旧观，四周扎着些鲜花，楼板上满铺着厚厚的红绒褥子，靠壁处是一大列方形的黄绸枕头，排列堆成一座佛塔的样子。

太阳一落山,全村老幼便集中在这圣殿般的小楼前。最起劲的是那些老巴嘎、老太太们,他们把广场上吃饭的凳子顺便搬来这里。很快法台前的广场上到处都是黑簇簇的头。大佛爷还没有来,大家坐在自带的凳子上随意闲谈打发时光。凳子间的空处也很快挤满了小孩子,他们挤在这么多人中,又发现如此美妙的一个迷宫来捉迷藏,兴奋得是吵闹个不停。这是老年人和小孩子们独有的聚会,偶尔也有几个中年人在田里劳作完,回家的路上经过这儿,停下来看几眼,但接着就继续赶路了。挺塘摆不关他们的事,一天的辛苦劳作后,他们已精疲力竭,对与自己无关的事根本就提不起兴趣来。他们心里所盘算的是更重要、更急切的事:明天如何放水,如何找人帮忙等等。小菩毛、小菩色也不在场,他们在准备扮演他们在仪式中的角色。

今天早上那木十五个小菩毛队长和十五个小菩色队长,早就去逐户通知各家的小菩毛、小菩色准备今晚炸嘎。他们都清楚,不管谁做摆,或多或少总是为了全村好,现在既然老年人这么热心做挺塘摆,他们年轻人总该做点事慰劳一下。

挺塘有三夜,炸嘎同样继续三夜。有关人员都有义务参加,并且除了出力还常常要出钱。这一次每个团员担负三夜现金一元五角,两百多个团员共凑得三百多块现金。其中几个团员到缅甸挑香烟,不在村里,不过他们的家长都会赶快替他们将应摊费用送去,他们晓得不这样做,就意味着忽视了孩子们应尽的义务,会影响孩子们的社会地位和声誉。要是哪个年轻人对炸嘎表示不关心,他很快就会落得个坏名声,到那时不只是他,连他家长也会感到懊悔。因此,孩子不在的家长为何会急着去缴费,也就可以理解了。不过,他还得再做一件事:请孩子的好朋友帮忙做自己孩子该承担的工作。因为若团体中有人缺席,那么他的那份工作就要落到别人身上,而除了好朋友谁会替他做?通常缺席而又没有找人代做他那一份的,要被罚一团火草烟。其真正目的不在于钱,而在于这是耻辱的象征,造成他社会地位的丧失。没有哪个家长会愿意看到自己的儿子被同伴看扁。汤姆象古家的儿子老五,被金老辛雇去挑香烟,离家时适逢他吃饭会的会友准备结婚。老五走时,他父亲忘记给新娘随礼,他回来后,会友都冷落他,拒绝与他交往。老五对他父亲大发脾气,多次恶语相向,有一回甚至于急得哭起来。吃饭会是青年人定期见面和聚餐的私人组织,尚且如此,更何况这包括全村青年人的公众组织,需要那么多的人手,而他却不能帮忙,这冒犯有多大,也就可想而知。

中午时候几个小菩毛队长同一些小菩色去买米并采购其他需用物件。又几个小菩毛去村后山上砍柴并预备火把。其他小菩色则赶快四处借碗借盘、借锅和厨房用具。不能来的,说明理由,中午可以不来,毕竟中午也不需要这么多人手,不过他必须保证晚上一定参加。

厨房设在金伙头家里。出出进进的,尽是全寨的小菩毛、小菩色,就像进出蜂房的忙忙碌碌的小蜜蜂。当他们开始忙着工作的时候,老巴嘎、老太太们也开始搬着凳子聚到了大佛爷的法台前。今天炸嘎的食品是粑粑片。其制作方法很简单,把煮熟的糯米饭用石锤捣成饼状,食前再用火一烤,加上些糖就可以入口。

制作粑粑片,顶多二十个人便可以应付,而金伙头家却站满了全村的小菩毛、小菩色。厨房里灶上两口大锅上放着两口罐子。整个厨房里弥漫着灶上柴火的烟与焰以及甑上蒙蒙的蒸汽。外面人只隐约可见里面有几个黑影和几点烛在摇荡。空场上六七口大石臼,每口石臼前熊熊的火把,照耀着多双肌肉丰满的手臂不停地捣着。远远的檐下,墙角里是一对对的情侣。没有什么可以打扰他们,除了被几只搞恶作剧的手电筒出其不意地照几下。空场边、大门口,这时还有许多成群的小菩毛、小菩色在那儿嬉笑着,说着种种的调情话,偶尔也走开一两对。过得约半小时,听到有人来换班了,他们停止调情,把地方让给新来的。有的在轮到自己做事之前,主动走上前去帮忙。间或吵闹声太大了,金伙头也推开门出来告诫几句。他讲他们做得太过分,仪式马上要开始了,在这么庄严的事情面前这么吵闹,太不成样子了。嘈杂的叫喊声只平息了一会儿,马上又叫喊得更欢了。

  大约八点半时,大佛爷的烟瘾已经过足,小徒弟接着铜盘在前面开道,大佛爷开始登台读经。他一登上灯火通明的圣殿般的法台,在美丽的灯焰中刚坐定,大家的吵闹声便立即消失,台下一片寂静,大家纷纷叩头。大佛爷读的内容他们能否理解是值得怀疑的。夷文同夷语完全是两回事,它们的差别恰如汉语中的文言同白话一样。而且夷语词汇有限,很多宗教术语用的是巴利文、缅文,甚至于梵文。大佛爷无疑学过,但有时对这些外来术语自己也糊涂,听经的能听懂多少,就不得而知了。好在大家都清楚这只是一种仪式,只要大佛爷能流利地读下去,中间不结舌,大家安静地听下去就是了。一本经念完,大佛爷要休息一会儿,他一开始抽烟,台下又起了喳喳声。等到钟声响,大家停止作声,大佛爷开始念下一本经。

  经本快要念完的时候,小菩毛、小菩色突然出现在经台前后。他们举着火把,抬着装满耙耙片、香蕉和芒果的竹箩。担运由小菩毛负责,分配则是小菩色们的事。新做好的耙耙片,不必再用火烤,小菩色只要再附上一小块红糖就好了。她们将这食品分配得非常好,使人人都能吃饱。她们招待时举止大方,对人热情又有礼貌,确使人人满意。

并非所有的小菩毛、小菩色去招待会众。还有不少人正在金伙头家的厨房里预备自己的宵夜。待到招待会众的回来,他们全体也同样有一个欢乐的聚餐。老年人们听经三夜,他们就这样地服役三夜。

第二次挺塘摆,是在稻子黄熟时节,情形同以上所描写的差不多。不过在第一天早饭后,做摆前五六个钟头,全村人都不准待在家里。几个老辛伙头都把守在各村口要道上,以保证人人都出村,目的是强制大家休息,不希望有人不守规定,躲在家里偷懒偷做事。不过也没人想破例,大家反而都乐得趁此机会休息一天。但老年人、中年人无论怎样休息,在郊外如同在家中,都差不多,不同的还是青年男女同小孩。到处都可以看见一对对打扮整齐的小菩毛、小菩色。金黄色的稻田,衬着无边无际的蓝天,构成了一幅美丽的画卷,这正是青年人谈情说爱的绝佳背景。

4. 金黄单摆

金黄单摆举行的日期在农历正月十六日。依照一般惯例,每接连做三年,中间有三年停止不做,然后连续做三年。1941年我在那木寨,恰巧遇到寨里三年中的二度做金黄单摆的时候。这一次摆系由寨中体冢(参阅引言)主持负责一切。那一天在冢房广场上早有许多中年男子在那儿帮忙。金黄单摆,本来是女人们的事情,男子是不必插手的。可有些事情,譬如砍竹子、搭竹棚等重活,老太太们自己实在做不了,于是只好请男子们来做,体冢明白自己和许多帮忙的正是满足这种需要。男子们做完自己的活,剩下的就交给女人们了。

关于这个仪式,在摆夷中流传着一个传说。据说摆夷自己最初并不知道纺织,直到某个摆夷得到了两位仙女的传授时,大家才学会了纺织。这两位仙女以一夜的工夫,把整个纺织繁杂而神秘的程序和方法,制作演示给这个摆夷看。那晚两位仙女完成了一匹适合和尚们袈裟用的布料,摆夷称之为金黄单。第二天,这个摆夷为答谢神恩起见,便把这世上第一匹布料献给佛祖。

摆夷将金黄单摆看得很重。那天寨民很虔诚地忌荤腥,素食两顿。房东告诉我说:做金黄单摆是不许男人接近的,免得大家说闲话。起初我有点不相信,到中午的时候,证实了房东的话果然不错,在冢房广场上布置一切的,果真全是老太太们,做完自己事情的男子,则只能远远地站在一旁看热闹。一切包括搬织机都要靠老太太们自己动手。这一天是已婚太太们的时间,实际上,未婚女孩(小菩色)也不准参加活动。不过我注意到这个禁忌也并没有那么严格地施行。

这一次摆搭的竹棚比较做其他摆复杂得多。大体情形可如下图:

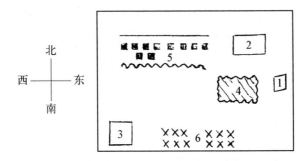

1. 佛像及供物竹棚　　2. 办事处及经收功德处
3. 厨房　　　　　　　4. 工作场棉田
5. 纺织处　　　　　　6. 食堂及参观席

第一竹棚高约八尺,隔作上下两层。下面一层空着,上面一层放着两尊佛像以及很多的供品。金黄单摆供奉的佛像并不是我预想中的释迦牟尼佛,却是两位用竹子装扎、打扮得锦衣鲜明的小菩色。奇怪的是这一次活动不许小菩色参加,但是顶礼的对象却是小菩色。

竹棚里面除了两尊佛像外,尚放着一套小小的耕种棉花的农具以及纺车、织机、染色器具等。这些东西全用竹子做成,制作都很精巧,可以说是典型的女性的工艺品。

神人既是女性,于是供品也与众不同。放在棚里的不过几碗清水、几束鲜花,衬着圆圆的白棉,却赋予了整座佛堂以某种特殊的魅力,使其显得与其他祭拜场所迥然不同,令人着迷不已。看到一切是那么新奇,小孩子们挤进来,好奇地拉着母亲和阿姨们问个没完没了。这些东西虽是习见之物,但摆在这新环境里,似乎又有了一番新意思,即使大人也免不了对此津津乐道,何况这些好奇的小孩呢?

第二个棚里,体豖穿了白色的短袄,在那儿做主持人。各寨做金黄单摆的日期不一致,所以今年不做摆的村寨赶来供佛的人也不少。他们将献的功德放进棚里:大捆的柴、一束鲜花、一张张蕉叶、米、钱、果品、菜蔬等将整个棚子塞得满满的。因打算留下来过夜,于是将行李也带来了,堆在屋檐下,结果使得棚子里越发找不出一块空地来。

尽管第四个棚——棉田里实际上并没有什么东西,不过四周围着竹篱,被列为禁地。大多数人被纺织场陈列的各种各样的机器吸引住了,都涌向了那儿。纺织场除了隔墙一面外,三面都围有竹篱,竹篱里面竖立着十多根竹竿,每一根竹竿代表一个纺织单位所在的地点。竿下放着织机,左右更摆着全套纺织工程的用具:打棉机、榨棉、拼线、纺车、织机和染盆。这里正像一个原始手工业式纺织工厂,只不过是这里的工具还饰以种种的花儿,竿上、篱上更是垂着束束的素馨。

下午三点左右,一切基本准备妥当。厨房里的小菩色开始忙碌起来,外面供太太和孩子们聚餐的桌子都已经摆好。广场上顿时人声鼎沸,这样多的人同时吃饭,依常理判断,秩序根本无法维持。不过终亏全村训练有素的小菩色,她们已帮忙做过无数次摆,拥有丰富的做摆聚餐的经验。这一次是四个素菜:凉拌蒿笋、豌豆米、蚕豆米和煮青菜,还加上摆夷每饭不离的酸巴菜。吃饭的包括全寨二百三十二家的家庭主妇和外寨来的客人,虽是匆匆一饭,倒也花费了两个钟头。

等场上桌子渐渐移开,男人们慢慢围拢过来,意味着仪式马上要开始了。甚至随便一个观察者也会注意到,一件极普通的东西,只要附加上一些禁忌,立刻就变得玄妙起来,成为大家关注的焦点。金黄单摆就是这样一个很好的例子。正是因为不准男人打扰,那木寨的男人们越是渴望来看一眼,一大群人将出口堵得水泄不通。讲他们挡住路并不是说他们讨厌,因为他们都很识相地离着广场总有丈余之遥。有些大惊小怪的太太甚至不许男孩进入广场,好像他们的出现会亵渎神灵,与做摆的初衷相冲。

仪式要开始的时候,在棉田周围玩耍的小男孩全被赶了出来,他们的撤退迫使男旁观者也不得不后退。接着西边角落上拥挤的人群里突然排开一条走道,涌出两匹白毛的水牛,角上捆着红布;后面跟随了两个新郎打扮的小菩毛,穿着新的短衣,毡帽上插着精致的红色纸花,肩上担着铁犁,他俩算是棉田禁地里面仅有的两个男性。可能因为在现实中没有女性犁地,为避免背离现实,因而在这象征性的仪式中也要雇用男性。白牛架上铁犁,开始犁田,在棉田里绕了几个圈子,人畜退出。接着第三个男性——大佛爷进入棉田。他站在棉田中间,对着地下刚被人撒下的棉花说几句祝福的话。话刚讲完,太太们就像脱缰的野马,冲破围篱,拥上来争抢地上被视为神圣的棉花。从没见过如此满怀热切期望、不顾一切的场面。大佛爷被围在中心,无法移动半步。不知是否情急之中,但至少在一阵绝望中,他从钵里抓起一把铜制钱撒向空中。这立刻转移了一部分太太们的注意力,转而争夺铜制钱,因为从大佛爷手中撒下之物,被认为至少同她们刚才捡的棉花一样神圣,会带来好运。人群的分散使大佛爷乘机逃出重围。这点铜制钱的损失对于大佛爷来说,根本不算什么,因他回到冢房的时候,钵里所收得太太们的功德可以超过他损失的二十倍。

抢到一团棉花,太太们便开始她们的工作。她们自己组成十几个单位,每个单位大都由熟人,或是邻居,或是亲戚组成。要在短时间内将一团棉花变成一幅染色的布,的确是非常艰巨的工作。

这时不准男人们看的禁忌已经解除,不过人们的好奇心也小了。这禁忌像是吸引男人们无法离开的魔力,禁忌一旦解除,魔力也就消失了。现在留下旁观的只是一些小菩色和小孩。织布当然是摆夷所习见的,但没人敢说完全熟悉从摘棉花到染色的整个过程。就以我个人来说,我必须承认,虽然熟悉新式纺织厂的纺织过程,不过手工纺织的整个历程,倒是在芒市初次看到。在金黄单摆里我没有过多地注意那些传说和禁忌,而是注意各种原始手工机器的操作技术。鉴于太太们织成一块布料要经历长时间的艰苦劳动,我更深深地感觉到布衣之可贵。我怀疑正是为了向人们展示布料制作过程的艰难,提醒人们注意节俭,金黄单摆才应运而生。

老太太们先用弹弓将棉花杂质弹去,这一步相当于纺织厂里的清花机。然后慢慢再用一块厚木板把膨胀的棉花压薄,并拉成条状,这两步是梳棉机与拼条机的初型。然后用纺锤把棉条搓成线,再在纺车上摇成束状的线捆。最后只剩下织与染的程序了。

到太太们做最后一道工序时,时间已是夜里,她们热切的面孔在广场上火把、煤油灯、洋烛的映照下透着喜悦的光。越来越多的小菩毛被有兴趣留下来观看的小菩色吸引来了。小菩色有时会突然被手电筒刺眼的光线照到,唯一的还击是默默地拿起手帕来掩面,但太太们决不受干扰,专心致志地忙自己的事。尽管到处是小菩毛、小菩色的调情声、嬉笑声以及小孩子们的叫喊声,太太们仍然用熟练、敏捷的双手,沉着冷静地工作着。一阵鞭炮声宣告了第一批布完成,开始献佛,一块刚好做一件袈裟的金黄单被挂在了佛像前。三响过后,参观的人已开始散去,半夜的辛苦工作完毕,织工们就露宿在广场上。一床毡子半做褥子半做被盖,再用围巾盖住脸。由于又完成一项供佛活动,她们睡得安稳舒适。

第二天清晨,佛像前三十九块金黄单挂在一处,远远望去,恰似一把张开的金黄色的供伞。

这次的用费是全村公摊,每家现金五角。不过这是最低标准,大多数家庭无论是以钱款形式还是以食品供物形式,都捐助得更多,外村来参观的也慷慨捐助,因此最终全部捐助的款物是绰绰有余。剩余的当然又进了冢房大佛爷的口袋。

5. 冷细摆

今年元旦,那木寨又在忙着节日活动。全寨人休息三天。有的人说这三天做摆,有的人则称他们在做冷细。这样就出现了冷细是否真算作一种摆的问题，答案从不统一，而全看答话人的看法。若有人追问他们凭据什么理由说是摆还是冷细，那么他会被认为是一个十足的傻瓜。看来这是一个模棱两可的问题。

事实上，冷细摆包括的无非是几个拜年活动。寨民们拜年的地点有三处：冢房、衙门和邻寨的冢房。经常也会有衙门附近居住的小孩向土司拜年的举动，但这并非一种特殊制度，他们这样做目的不过是想从土司那里得几文压岁钱而已。

大年初一清晨，老年人去冢房拜佛，而青年人也同时结队去衙门。那木距城子二十多公里，一百多人的队伍，费了两个多钟头的时间到了衙门，在接待大厅里向一张铺红毡的公案叩头，甚至连土司的影儿也没看见，叩完头便动身回家。

第二天上午，轮到青年人，包括新婚夫妇和未婚青年男女去冢房干躲了。新婚夫妇可以自由选择随队或者自己去，不过他们十有八九会选择自己去，而青年男女则需要结伴而行。虽然同样是拜，包括在佛前叩三个头，而在已婚和未婚青年却代表着两种不同的意义。

未婚青年们拜佛与向邻居拜年性质一样，也就是说只是一种拜年的形式。他们不单在本村冢房拜年，还要去那木附近的其他七个寨子的冢房拜，这往往需要不止一天的时间。他们到了别寨，寨里的青年男女要敲锣击鼓来迎接。总之，青年们的拜年活动实质上带有社会性。

另一方面，青年夫妇的拜佛，其性质和目的则不同。与其说他们是向佛爷拜年，不如说是向佛爷告别。因为他们现在结婚了，不再属于青年团体了，因而以后拜佛的机会越来越少：也许要等到他们成家立业，积累足够的财富做摆的时候。如做不到这点，可能他们再来寻求佛祖保佑时，便是他们被送进最后的归宿地的时候，那时他们将永远留在这个古冷阴森的佛殿上，期待着渺茫的来世。

新婚夫妇的"告别仪式"值得注意，是因为这个仪式意味着已婚夫妇将不再为做摆服役。在几乎所有的摆中，做摆的主要是老年人，而青年人则做艰苦的工作，招待老年人。老年人做摆是出于自愿，而青年人参加则是为社会习惯所迫。青年人一结婚就意味着他或她跨入了中年人的行列，中年人是社会经济结构的中流砥柱，他们若愿意，可以帮帮忙，但没人强迫他们参加。他们的工作是在农田上劳作和处理家务。他们是社区世俗生活的管理者，被豁免其他一切会使他们已经过度负重的四肢承担额外工作的活动。因此，参与做摆的只有老年人和青年人。这是一个重要的社会分工问题，我将在下文详加讨论。

第四章　其他有关超自然信仰的团体活动

我在前两章已根据自己的亲身观察,描写了摆夷生活中一系列被称为摆的活动,可我还没有回答这些活动对于社区整体和个人具有何种社会学意义。在我看来,把这套活动介绍给与摆夷文化背景完全不同的读者,最好的方式是对客观事实进行直接的描写。我希望通过描写,读者可以了解摆的真实情况,并与自己文化中类似的活动相比较,从而不至于完全为摆这个相当陌生的词所困扰。

摆夷的摆是如此独特的现象,很难在我们的语言中找到一个词来简洁而全面地描述它。要把摆的思想介绍给局外人,只有两种方法:第一是尽量将事实客观、生动地描写出来,如果是为了唤起读者的想象,使其在脑海中勾勒出一群青年男子敲脚鼓的画面,或是做摆的主人穿着白色衣服在台上受人拜贺的画面,那我们的目的基本已经达成了。可是必须承认这样的画面只能是零星、肤浅的认识,要把它补充完整,必须运用第二种方法。在摆与摆夷其他社会生活特征的关系中,必须把摆作为一个整体来看待。最后,必须努力去理解,看我们自己的文化中是否有与其相对应的活动。

社会现象的研究至少可以采用两种分类方法,一类是用于特殊社会的分类,另一类适用于所有社会,适合比较研究。摆夷自己对摆的分类明显属于前者。芒市有各种不同的摆,摆只是一个类名,其下可以进一步细分为大摆、合摆、干躲摆、挺塘摆、金黄单摆、冷细摆。上述这些归置于"摆"名下的所有活动仅仅为我们呈现出了当地意义中对"摆"的分类。如要使不同文化背景的人也能真正理解"摆"这个词的话,必须要使第一种分类法(或地方分类法)能适用于第二种,即建立在一切社会活动基本相似性基础上科学的分类法。

现在的问题是替摆夷的摆找到一个恰当的科学表达法,找出摆有何特性,看它能满足哪种需要。上一章的描写显示出,所有这些被称为摆的活动有一共同的特点,即都是关于超自然信仰的,而且都是团体参加的活动。可问题是,除了摆,同时还有其他一些有关超自然信仰的团体活动,为什么它们不称为"摆"?为解决这个问题,就必须理解摆以及其他超自然信仰的特性,因而我在本章中将描写其他超自然信仰的团体活动,以便通过比较研究,发现它们与摆之间的不同之处。

1. 汉辛弄

在上章中我已描写过出凹时的干躲摆,也提起在凹期也有类似摆的活动,可是这些活动却不称为摆,而是称为汉辛弄。这不禁令人想起,在凹期,为纪念佛祖受难,老年人提着装满耙耙片的竹篱到冢房献佛。在这期间,老年人除去遵守凹期的各项禁忌外,每天中饭前或是晚饭后都必须献佛一次。正如上文所述,他们将竹篱挂在竹竿上,第二天又带一竹篱新鲜食品来,将空竹篱换回。这样持续七天,然后由一个长时间的仪式而告结束。仪式由大佛爷和布冢轮流指导,一般从傍晚一直持续到深夜,甚而有人持续到天明。他们在佛殿里由佛爷、布冢轮流领导诵经祈祷。夜色渐深,细雨绵绵,蚊声雷动,群众间很可能正有人患着疟疾：眼睛通红,痛苦地呻吟着。周遭的这种气氛会给人留下深刻的印象,很适合这个纪念佛祖受难的场合。纪念佛祖受难可以减轻他们的痛苦,而他们的受难又可以使佛祖受难显得更真实。他们获得了与佛祖的亲密交流,会感觉痛苦得以减轻,沉闷的空气变得轻松起来。他们感受越深,在冢房里拜佛的时间也就越长。

三个月就这样不间断地重复着,当最终乌云消散,伴随着这长期苦行的所有负担也一消而散。因而当天空开始放晴时,大家心情的轻松程度也就不难想象。不过,这雨季不仅使人们精神上承受重负,而且经济上也遭受相当大的损失。唯一受益的是冢房。单以米饭而论,就相当可观,当最后摊开在太阳下晒干时,白花花地铺满整个广场。附近饿狼般的克钦人因此能够以极低的价格买进。

2. 烧白柴

烧白柴是在阴历过年后,佛历①立春（大概二月初五或初六）的时候。据那木寨大佛爷讲,烧烧白柴,目的是使大地中的湿气蒸发,从而降低空气中的湿度,天气会暖和点。不过常识是,立春一过,太阳渐暖,寒风渐柔,因此更可能是烧白柴烟雾缭绕上升象征着春日照耀下潮湿的冬日地气在蒸腾。

上午的时候,大佛爷就叫冢房打杂的和几个小菩毛上山去砍白柴。必须用优质、结实的木材,若用些枯枝败叶秽薪杂木做燃料,则不会达到神圣仪式所需要达到的效果。神圣仪式必然要比日常的俗务要庄严、令人印象深刻得多。给人留下深刻印象的是,

---

① 关于佛历详细情形以及计算方法,可参看 *the Gazetteer of Upper Burma*, pt. 1, vol. 1, pp. 208-218; pt. 1, vol. 2, pp. 45-47。

大佛爷叫六七个人去砍两挑柴。要是普通的两挑柴,两个人几个小时就可以完成。但现在的需要更复杂,他们被指定去找一种剥去外皮能呈白色的树木,砍成二尺长、三寸宽的木块。砍够一百多条后,抬回来,两条两条的平行异向、错杂地堆在冢房院心里,搭成一个四方中空的柴架,准备着晚上的燃烧。

参加仪式的只是老太太们。她们吃完晚饭后,有的进入冢房祈祷,但大多数就坐在外面的大理石台阶上等候仪式开始。大约八点多钟,在钟磬声中,大佛爷出现了。他站在门廊下,面对白柴,几位小佛爷伺候在两旁,而老太太们蹲在台阶下面。大佛爷先念一段经,然后由打杂的点火引着白柴架。煜煜的火焰顷刻间驱散了黑暗,将整个院子照得通明透亮。打杂的不时加一把松香,暗了的火焰又旺了起来,烟焰又向四面喷射一番。最后的白柴烧尽,仪式随之结束。

在我参加仪式时,其中一个小和尚说,今年参加的人特别少,只有二十多个老太太。他告诉我,去年参加人数多达两倍。我发现院心里很拥挤,但除了几个老太太,只有小孩子。他们只对那好玩的火焰感兴趣,而对叩头、仪式则毫不关心。

尽管参加的人如此少,但烧白柴对那木寨的寨民产生了一定的影响。对他们来说,这个仪式标志着人们准备迎接一个新的季节,他们即将打起精神下地劳作。

3. 泼水

这个仪式在佛历清明(多在四月中,这一天也是佛历新年)[①]

[①] 佛历始于佛祖诞生日,到1950年已有2 493年。但从科学角度看,佛祖诞生日及其寿命都难以推算。东方所有佛教国家的浴佛节,尽管日期不同,但都是纪念佛祖诞生的节日。

举行。据当地的文学作品和历史记载,除了泼水,同时还举行像堆沙、跳花等其他礼拜仪式,吸引大批人群。然而在芒市附近,不再举行后面的宗教仪式,人们对这个节日也不感兴趣,还不如对阴历过年热心。

在那木寨家房外广场上,放置着经年不用的木龙,这条木龙长约一丈五尺,用一棵树干雕成,首尾俱全,遍身刻着耀眼的金麟,身体中空,形成一条水槽,龙嘴作为出口,水从龙嘴流进一个有转轴的圆筒,转轴在流水的重力下转动,使得水从圆筒边上的小孔里喷射出去。这些水如淋浴般喷射到安放在圆筒周围的十二尊铜铸贴金的佛像身上。这套装置通常称作洗佛。将其暴露在烈日下认为是非常不敬的,为此将枝叶挂在上面,使它们看起来仿佛置身于热带丛林树荫下。且喷出来的水,不是直接落在头顶上,而是透过密密的树叶雨雾般地飘落下来。

为期三天的节日,第一天,由大佛爷领导全寨青年男女举行仪式,但此后善男信女随时都可以来举行。他们所要做的是担两桶水,给小和尚点钱来念一段经,大家叩头起立,便开始"浴佛"。摆夷普遍认为,身上被泼到水,全年可祛病免灾。而对青年人来说,又为他们提供了一个搞恶作剧的机会。

高潮通常出现在傍晚。被选作戏弄的对象是受人欢迎的表示,而且也是受人尊敬的表示。这对全社会来说都不是什么稀奇事,上至土司,下至平民百姓,都会发现一天有必要换两三套衣服。实际上,普遍的共识认为,只要一出门就容易被人泼湿;要保持衣服干燥的唯一办法是待在家里不出门,但那样他也就没有被人泼水以消灾祛病的优势了。一旦谁愿意作为喷淋目标的话,除非他像只落汤鸡全身湿透,戏弄他的人才会停下来,尤其在青年男女间更是如此。如有人想报复,可以向泼水的人去借喷水装置和水桶,他从不会拒绝,同样可以对他们恶作剧。一种公道的精神在年青摆夷中盛行,有趣的是观察男孩或女孩被水流无情泼洒,要极力表现出毫不讨厌的样子。他们都知道若自己在别人恶作剧后走开,没有使别人受到同样的折磨,是一种侮辱。他就会被认为太卑鄙而彻底被人厌恶。

三到五天的泼水节,天天晚上,寨里通衢上到处都是水,提醒狂欢者黑暗的季节即将到来,愁云笼罩、苦雨连绵像一副可怕的重担压在他们心头。节日有时以寨里老人们集资念一回经圆满结束,不过这种情况很少。

4. 祭社

西南边地还有一种超自然信仰——对社神的信仰。摆夷认为,凡是第一个披荆斩棘开创那个村寨的,死后应该被奉为神灵,享受那个村寨寨民的血祭。同样,一个坝子的第一个拓荒者自然成为这个坝子的社神。每个村寨都有自己的开创者,因而也都有自己的社神。社庙一般设在离寨子不远的一片原始的荒林中,一株深根盘屈、枝干错杂的榕树下,围一段高一丈、五尺见方的矮墙,里面没有任何家具。整个流域的社庙全照这样的形式建造,且都建在类似的环境中。

社庙与冢房是摆夷两个信仰的中心,不过二者却毫无关系,甚而有的大佛爷对于社神取一种攻击的态度。社庙和冢房在基本性质和功能上确也是全然不同。冢房是宗教信仰的中心,他所安排的是来世的生活,担当人们的精神向导;虽然像生男嫁女时,也请佛爷举行某种仪式,不过冢房并不负责村民们的俗事。若把所有神灵分为善恶二神的话,佛祖当然是善神的象征,而社神则是恶神。后者既不关心人的生死轮回,也不关心子孙后代的来生,他留意的仅是他的家族延续。由是主宰后代物质生活以及生意买卖、牲畜、庄稼的是他,他似乎成了全寨的最高统治者。摆夷对于作善降祥的佛是敬仰;而对社神则是畏惧,卑躬屈膝地竭力讨好他。这样做并不是想从他那里得到什么好处。实际上给人以好处根本就不在社神的权力之内,只不过想安抚他,使他没有被激怒、降灾难给他们的机会罢了。连续遭受灾患的寨子,寨民对他的恐惧最深,因为灾患是社神毋庸置疑的权力的证明。那木就是一个例子。在生活相对安宁的寨子里,对于社神的恐惧心也就相应减少。

社神主宰着他开创的村寨,个人疾病、建筑、生子、婚嫁、猪牛买卖,均得通知社神一声。他调查和登记人口,作用类似于寨里的警察,他发放牲畜买卖特许证,又像是一个税务员。接近他很简单,只需几碗白饭或是几片粑粑就可以,祷告没有固定的程序,只要社神知道他的好意,就不在乎这些细微地方。每年插秧前几天会举行一次共同祭祀仪式。这天差不多全村出动,每个人手里拿两个饭团作为供品,他们向社神叩拜,献上供品,然后退下,不做任何的祷告。

除了每个村寨特有的社神,还有同样的主宰全坝子的神——大社。被称作祭大社的全坝子的祭祀仪式,在阴历七月十五举行。由于是为了纪念主宰全坝子的神,所以不仅所有老干、老辛、伙头们被各寨派去作代表,甚至土司自身也要亲临主持仪式。仪式中需要两头白牛做供品,它们须通身白色,没有任何杂色,蹄须圆整光滑,两角平正宽大,且向后伸屈,尾巴不能太短,当地本不乏水牛,不过要找两头满足所有要求的,则并非易事。唯其难办到,越发显得仪式重要。过去仪式的筹办,由坝子中各寨联合办理,费用由衙门支付，但流弊很大，于是近期改由衙门自己控制。

大社庙在城子附近，坐落在一个榕树参天、浓荫蔽日的丛林中，这是纪念第一个履足这个坝子的拓荒者再合适不过的地方了。四周的原始丛林和浓密的热带灌木丛象征着大自然中的艰难险阻，这片地方提醒村民不要失去跨越险阻的决心与克服困难的勇气。大社庙是社庙的五倍大，仪式当天，中间摆着两张桌子，四周放着六把铺有红色坐褥的椅子。每一把椅子前面的桌子上，有一堆米和一盏灯。其他的灯放在椅子和桌子下面。仪式开始以前，牛已杀好，肉已剔去骨头，放在大锅里煮。摆在地上的仅是两个牛头和两副蒙上牛皮的骨架。透过枝柯稀疏间，让几缕阳光微弱地照进古冷阴森的丛林里，而阳光照不到的地方则是阴暗的、神秘的、无法为人所理解的，充满了潮湿的空气。里面摇曳的灯烛，血淋淋的牛头，丛林里的鸟鸣声，都使人产生一种毛骨悚然的感觉。

举行仪式的时候，土司率领敬拜的下跪叩头，一位衙门官员致祷告词，祈求社神赐予他们平安、幸福。结束后大家共食牛菜一顿，剩下的牛肉，分给各村寨代表，带回各自家里。这次是土司请客，两天后各村寨又联合回请土司一次，作为答谢。不过这一次并不直接与祭大社有关，而只是一种社交形式。

祭社中一个值得注意的方面，是它完全不需要大佛爷的参加，是一种与冢房毫无关系的活动。而且，它又是在凹期中举行，凹期中屠杀耕牛是被佛教教规严格禁止的行为，这一点更加强调了祭社与冢房之间的区别。

那木的房东曾对我说过：来那木买猪的，十有八九是空手而归，因为所买的猪全都已经中途死亡。原因是他们离家来那木前忘记了祭社。下面的故事就是祭社禁忌的严重性的一个很好的例子。有一度我曾偕一位土司的少爷到邻坝去迎亲,中途他突然得病,但我们继续前行,直到到达目的地,休息了几天,等病体痊愈,才去见新娘。刚好这时碰上了祭社,禁止婚嫁远行。新娘的父亲因而拒绝她在此时结婚,我朋友想方设法疏通,但都是徒劳。老头的拒绝有多坚决,不在现场的人是难以想象的。他毫不掩饰对新郎的看法,公开宣称新郎中途生病就是因为在家没有祭社神的缘故。我朋友所能做的就是等待禁忌解除,而与此同时家里请柬已经发出,届时贺客盈门,却不见新郎的踪影,社神是造成这场趣剧的唯一原因。

第五章 分析和比较

摆夷所有关于超自然信仰的团体活动,我已在前几章一一描写过了。根据摆夷自己的分类法,这些活动分成两类,一类是他们称作摆的,一类是非摆的。按照摆和非摆活动的这种划分,本章我要进一步看看摆夷自己的分类法以什么为依据。方法是首先分析各种仪式和活动的各个不同方面,然后从各方面研究摆和非摆活动,以便揭示出两者之间的相似之处和不同之处。

我从以下几个方面着手:

1. 时间
2. 地点
3. 用具
4. 参加团体
5. 费用
6. 聚餐
7. 仪式
8. 禁忌
9. 意念

1. 时间

如果仅从年度来考虑摆和非摆活动举行的实际日期的话,很难发现两者之间有什么明显的分别,但另一方面,在日期的灵活程度上,两者却有很大的不同。

大体上说,非摆活动的日期是固定的,而摆的活动日期,则更易变动。表3第一列列举的摆中,上面的比下面的在日期上要灵活得多。做冷细摆和干躲摆的日期规定还是相当严格的,挺塘摆和金黄单摆举行的日期则不一定是固定的,但只能在限定的季节内变动,合摆和大摆,则连大致的季节限制都废弃不用了。农闲的几个月内,随时都可以举行,一切只看做摆的方便。不只是这样,若觉得农闲时间以外的其他时间更符合要求,那么做大摆或是合摆也未尝不可。选择农闲做摆仅仅是因为人们那时可能有更多的空闲时间。既没有习俗的约束来强制选在农闲时间,也不会有公众对选择其他时间提出抗议。

表3 摆和非摆活动的分析

活动	时间	地点	用具	参加团体	费用	伙食	仪式	禁忌	意念
大摆	收获后,阴历三月中旬,共三日,全日夜	私宅(冢房)	佛像衣服枕头纸花经书等	亲属地域团体邻里同村,社区团体	男女主人翁	荤食三日	迎送佛像,庆祝活动,狂欢宴会,佛爷念经	无	得天上宝座,得名号
合摆	收获后,不定日期,一日或二日全日夜	冢房	佛像木匾等	社区团体职业团体同志社	男女主人翁功德	聚餐一次或两次可荤食可素食	迎送佛像供品	无	同上

续 表

活动	时间	地点	用具	参加团体	费用	伙食	仪式	禁忌	意念
金黄单摆	阴历正月十六,间隔三年做三年,一夜	冢房	织机纺机佛像棉花染料水牛	性别社区团体地域团体	全村分摊功德	聚餐素食一顿	示范纺织竞赛	全村素食,禁止男性参加	谢神
挺塘摆	插秧后收获前各一次,一天三夜	冢房	鲜花炸嘎的供佛食品	社区团体地域团体	功德	素食一顿	听念经,青年男女炸嘎	强制全村人放下工作,出村半天,禁肉食	强调根据季节变化安排日常工作
干躲摆	出凹一天三夜	冢房	鲜花供品	社区团体地域团体	功德	荤食一顿	青年男女干躲,供物	无	纪念大佛受难
冷细摆	阴历新年,三日夜,初一:老年人,初二:新婚夫妇,初三:青年男女	冢房	鲜花供品	社区团体地域团体	公摊功德	无宴会	供佛,青年男女干躲,贺新年	禁止工作三日至五日	强调季节变化
汉辛弄	阴历六月十五至九月十五,三个月中每七日一次	冢房	供品(米饭)	全村老人	参加者自任	无宴会	祈佛	禁嫁娶禁肉食	纪念大佛受难

续　表

活动	时间	地点	用具	参加团体	费用	伙食	仪式	禁忌	意念
烧白柴	立春,佛历二月初五、初六,一晚	冢房	白柴	老年人	冢房负担	无宴会	烧柴	无	使地气上升
泼水	佛历新年,三日至五日全日	冢房街衢私宅	佛像木龙水桶汲水具	全社区	参加者自任	无宴会	泼佛,互相泼水	无	消灾祛病
祭小社	插秧前一天	本村社庙	饭团	全村	参加者自任	无宴会	祈神	禁嫁娶禁出行	免灾
祭大社	阴历七月十五日	衙门附近的社庙	白牛	村寨头人	衙内公费村中公款	肉食一顿	祭神	同上	避灾

摆与非摆的第二个重要区别,在于它们的时间安排上,以及仪式后提供的社交机会上。除了金黄单摆之外,其他的摆仪式举行的时候,都在白昼。不过接下来的夜间却被认为是大家狂欢娱乐的好时机。即使唯一夜间举行仪式的金黄单摆,也伴有一系列类似的娱乐活动。除了烧白柴在夜间举行仪式,汉辛弄有时候在夜间举行仪式外,多数非摆活动也在白昼举行仪式。但没有一个非摆的活动后面有类似的娱乐享受的机会。从表面上看,提不提供这样的机会,似乎没什么要紧,而从参加人员的眼光来看,尤其是在青年男女们看来,这个机会却有着重要的社会功能:青年团体成员彼此熟悉,更易于寻取结婚对象。做摆常常选择在阴历十五

月圆时,一个重要的原因是考虑到夜晚仪式后的娱乐活动的社会作用。而唯一在月圆时举行的非摆活动是七月十五日的大祭社,事实上也没有什么夜间活动。因而是否为社会团体成员提供社交机会是摆和非摆的一个不同之处。

2．地点

做摆以及举行非摆活动的地点,初看不外乎三处：(a) 冢房,(b) 社庙,(c) 私宅。但进一步考察,就会得出结论,就做摆而言,私宅只能算一个例外的情形,是没有合适地点时的无奈之举。

以那木来说,七家若想同时做摆,冢房里根本就挤不下。解决困难的办法便是各自在本宅做。要是村寨中只有一家做摆的话,仪式常是在冢房举行。在曼牛寨我曾亲眼看到这样的冢房庆祝。来自城子的证据也证实了这一原则是普遍适用的,城子的土司从来不在私宅里做摆。这座中心城市里坐落着五个冢房,足够满足做摆人的一切需求。

即使仪式在私宅里举行,也会设法制造冢房的气氛：整体的装饰、佛像、佛帐和佛垂等,一切都是模仿冢房。

这样一来,摆与非摆间另一个不同之处就在于,前者一般仅限制在冢房举行,而后者则不在乎在冢房还是在社庙。

3．用具

对做摆所用物质器物做比较的话,摆与非摆活动的差别就更明显了。从表3中可以看出,摆的仪式里面所用的各种不同器物都有一个共同点,即都是人们平常所用的普通物品,与人们的日常家庭生活用品没有什么区别。供佛所用的东西,与亲戚朋友有应酬送礼所用差不多。如供佛的食物,正是厨房平常所做的;鲜花通常与那些居家装饰的品种一样,供佛的枕头同样是人人夜夜所枕的必不可少的物品。其他用具、衣物等也是如此。在观察做摆时，我从未感觉所用器物与某种摆有什么特殊联系。而且做摆所用器物的性质，是由它的日常性质决定的，引人注目的是数量之大、制作工艺之精巧，而不是器物类型本身之新奇。

与做摆所用物品的普通性和世俗性形成鲜明对比的是，非摆活动所用器物则是超俗的，与日常所用完全不相干。烧白柴所用白柴是乡村中所不经见的，素日寨民的主食是米饭，祭祀仪式却用饭团做供品。非摆活动所用的其他器具像木龙、泼水器具等，都是用在特定的场合；还有上文提到的两头白牛也是如此。而且，每个非摆活动都有自己的只供这个仪式使用的特殊用具。

通过考察摆夷各种仪式所用器物的性质，很容易划清摆与非摆活动之间的界限。

4. 参加团体

对参加摆与非摆的团体的分析，不仅是比较工作中最有趣的问题，也促使人们思考究竟哪种划分标准能最清楚地将上述两种活动区别开来。不过，首先我要讲清所谓"参加团体"只包括活动的积极参与者。旁观的和那些仅以宾客资格来道贺的，都不包括在内。

积极参加活动的人员，大致可以分为两类：(a) 主要人员，是负责仪式的不可或缺的人员，没有他们的参加，活动势必无法进行。(b) 次要人员，担负活动中所有的辅助性工作。第一类包括男女主人翁、大佛爷、小和尚等。第二类包括做饭的、帮忙的等。

先看看非摆活动的团体。祭大社的仪式完全由衙门负责，只有头人们囿于习俗不得不参加。看起来祭大社的特性似乎是参加人员毫无例外地都属于一个主要的"政治"团体。祭小社和泼水，乍一看似乎参加仪式的,包括当地的全体人民。实际上,参加不参加完全是个人的选择,全凭个人意愿。其他的非摆活动也都是这样,因而这类活动看来都没有按惯例指定要参加的人,甚至没有特定的团体来承担仪式中的一些特殊工作。在非摆活动里,除了进行相关准备工作的冢房佛爷和村寨头人,的确很难说按惯例有哪些人必须参加或承担什么特别的工作。

对于摆来说,情形则大不相同了。前文已经提到,参加团体按照年龄可以分为两类:拜佛的老年人和服役的青年人。这里必须强调一点,在夷方坝,做摆时,不同团体各自担当的角色是按惯例明确规定并要严格遵守的。希望老年人承担的工作是拜佛、祈祷,至于青年人,则必须参加做摆的服役,这既是他们应尽的义务,同时也是只属于他们的一种值得珍惜的权利。做摆时,每个团体都有其特定的工作,都既要知道自己必须要做的工作,又要清楚哪些工作已分派给其他团体,自己无权干涉。参加做摆的团体都经过严格界定和分类,为区分参加团体,我打算介绍一个新名词"社龄",详细内容将在第七章里介绍。在表3和表4里,我用的是"社区团体"。

5．费用

如从费用的来源上看,可以更进一步发现摆和非摆活动的区别。

在非摆活动里的费用,可以分成两种:(a)仪式设备上的费用,像烧白柴时的白柴,泼水时的木龙,祭大社时的白牛,这些都是由冢房或是衙门担负;(b)参加仪式时所带的供品,由私人自备。因而非摆活动的费用是由负责的和参加的分担的。

对摆来说,问题则更复杂,要确切推算不同的参加者所出费用在做摆总费用中的比例是很难的。大摆和合摆中,做摆的主人名义上负担着全部费用,可实际上参加的人都要捐助一些功德,哪怕是一点点。其他四种摆的费用则全由各人的功德来支付。

仅从经济角度上看,功德对做摆的费用,没有什么特别的意义。但若从社会学或心理学角度看,它们对阐明摆的性质起着重要作用。看得肤浅一些,经济捐助行为可能被看做是一种亲善的外在表现,不管是对佛还是对主人。若看得深刻一些,它反映的是一种团结协作精神:所有摆夷都极其重视摆,都觉得是非常值得做的事,都在某种程度上把做摆看作自己的分内事。

于是,摆也就成为一种公共活动。从前文中可以看出,没有一次摆自始至终,仅仅是主人的事,而是整个社区都感兴趣的事。男女主人翁当然起着必不可少的重要作用,但那些服役的、随礼的客人,甚至是完全不相干的人,也都对做摆表示关心。为了使读者信服,只好回忆一下在第二章描写摆时已经提到的一些事实:如土司希望禁止做大摆时,群众的怨恨;家境不太好的帮工对做摆的态度;抬佛的半路生病,会自愿出钱请人代抬的事实。诸如此类的事实,皆可以帮助我们理解摆的社会意义,可以把它看成是一种团队合作的结果,社龄结构在社区的合作中发挥了重要作用。做摆费用的分担也与社会利益相关,因而那些捐助功德的也算是团队的一分子。我认为最后一点很重要,需要加以强调,因为通常在研究公共活动时,主要强调经济因素,而把相关的社会关系作为背景不甚重视。

6. 聚餐

在这方面,摆与非摆活动也有明显的区别。摆有一个共同的特点,即为全体参加人员提供一次聚餐的机会。尽管各种摆之间也有差别，但只是与食物的性质（如：是荤食还是素食）、聚餐的次数、食物消耗的数量有关。

非摆活动里，仅有的聚餐，就是大祭社。不过这一次的聚餐也与摆的聚餐完全两样，特征不像摆那么显著。在后者中，聚餐几乎包括社区全体人员。做摆的聚餐是一次重要的社交机会，是在一种欢乐喜悦的气氛中进行的。宾客和主人都是互相招待。各种社会关系网将全体参加人员紧密联系在一起，像成年人或老年人在桌上吃的饭，也许就是他的儿媳做的，由他的儿女端上来的。

大祭社聚餐则完全不同，是土司所赐的正式、严肃的吃饭，而不是来娱乐的无忧无虑的聚会，我感觉有点像各村寨代表的正式会议，他们一方面是来与大社修好，一方面是接受土司的特别酬谢。在我印象中，这种严肃、沉闷的场合明显像带有公务性的聚会性质，因为参加人员在这次聚餐中彼此并不存在直接的社会关系，而只和土司大社有关系。

从聚餐的食物上，也可以发现两种聚餐的不同。在做摆的情形下，预备食物的正常目的是为了吃。而在非摆的祭大社中，杀两头牛，当然不是为了吃肉。这里有明显的不同。因为做摆的聚餐，所有吃的东西，并不会也从没有看作是献佛的供品，也没人宣称通过消耗这些食物能获得什么梦寐以求的精神效果。而祭大社的聚餐则不同，肉是一种献物，吃的东西是社神口下的残余。这些肉带有祭祀意义。

聚餐联欢是摆的主要特质，唯一的例外是冷细摆。不过，正如我在上文所指出的，摆夷对于冷细摆是否算摆持有不同的看法，也许造成分歧的原因可以用缺少聚餐来解释。

7. 仪式

摆与非摆活动的区别，在仪式中也很容易辨别出来。信仰的意义和社会价值的传递都可以在摆的不同节目中得到解释。所有摆的仪式都很复杂，而非摆活动却是一种简单的仪式，节目有限。一般在非摆活动里，所有的仪式，都以一个神圣之物为中心。摆的丰富多彩与非摆活动的相对贫乏，决不能用持续时间长短来解释：实际上持续时间最长的是非摆活动中的汉辛弄，汉辛弄持续长达三个月的时间，但其活动内容只限于单一的供佛活动。

"俗人"参加做摆活动非常积极，明显带有强烈的分享热情。如果被问到为何参加这个活动，他们会回答说人们在摆中的行为不过是聚会联欢。在非摆活动中，"俗人"是承担被动的角色，仪式的联欢娱乐性质往往被仪式的纪念意义所掩盖。即使是带有更多笑声和欢乐的泼水仪式，在向别人泼水时，也从没忘记这玩闹的原有目的，整个仪式在观念上被祈求社神消灾祛病、带来好运主导着。与此形成鲜明对比的是，做摆为社区提供一系列的社交活动机会，在思想意识上不带有任何控制神灵的观念。

8. 禁忌

摆的禁忌，像坚持素食，或禁止劳动两三天，是很容易接受的，不会引起大家的任何反对。长期的辛劳之后有短暂的休息是大受欢迎的，而偶尔的忌荤也对健康有利。实际上，这种禁忌体现的是对社会有利的价值观念。而非摆活动的禁忌则完全不同，很难完全严格遵守，即使能做到，也带有违反社会的意义。例如不准外出、禁止婚嫁，会妨碍人们加强彼此之间的联系；坚持长达三个月的素食对寨民来说也是很难遵守的规定。

9. 意念

摆与非摆活动中所表现出来的意念,也有很大的不同之处。在摆中,做摆的没有,也不奢求能带来什么物质回报;而非摆活动的意识,则被一种想使忠诚者从活动中得到实际好处的想法主导着。

在大摆与合摆中,希望得到的是精神上的而不是物质上的回报。即使花大量金钱来做摆的男女主人翁,得到的也只是一个头衔。其余四个摆,或是某些特别事件的重演,或是习俗所定的模式,不会给相关的人带来任何物质或实际上的好处。用意识形态的术语来讲,摆的价值可以用心理上的满足感和愉悦感来评价,而正是在这种背景下,必须要探究一下摆的基本特性。

另一方面,非摆活动的意识形态背景,则直接与期望从庆祝活动中得到实际好处密切相关。烧白柴是为了使地气上升,泼水是为了消灾祛病,祭社、祭大社、汉辛弄都被认为是能使个人或全寨消灾免难的有效手段。每项非摆活动都对应着一种针对特定灾难的"免疫力",作为一个整体的仪式的作用,便是使社区对它处理不能为人类所控制的灾难的能力产生一种信任感。也就是说,这在心理上与做摆中所表现出的强烈的快慰感完全不同。

表4简单列出了本章中对摆与非摆所做对比的结果,并证明了尽管表面上两种活动有不少的共同之处,但仍有充分理由证明两者之间有明显的区别。

正如今天人类社会学家所普遍认可的,摆与非摆活动的区别在一定程度上相当于宗教与巫术的区别①。做摆大都是抱着一种

---

① B. Malinowski, "Magic Science and Reality, " *Magic Science and Religion* ed. Malinowski (London: Meedham, 1925), p. 81. J. B. Frazer, *Golden Bough*, Abridge Edition (London, 1933), p.50. Raymond Firth, *Human Types* (London: Nelson, 1943), pp. 153, 155, 164.

表 4　摆与非摆活动的比较

活动	时间	地点	用具	参加团体	费用	聚餐	仪式	禁忌	意念
大摆	经常变动	家房	普通的（世俗的）	社区团体	私人功德	欢聚性质	复杂	无	来世受益
合摆	同上	同上	同上	同上	同上	同上	同上	同上	同上
金黄单摆	有时变动	同上	同上	同上	公众平摊	同上	同上	简单可接受	谢神
挺堪摆	同上	同上	同上	同上	同上	同上	同上	同上	随俗
干躲摆	固定	同上	同上	同上	同上	同上	同上	无	庆祝
泠细摆	固定	同上	同上	同上	同上	无	同上	简单可接受	随俗
汉辛弄	同上	同上	超凡的	地域团体	个人	同上	简单	很难，不喜欢	求现实利益
烧白柴	同上	同上	同上	同上	家房	同上	同上	无	同上
泼水	同上	同上	普通的（世俗的）	同上	个人	同上	同上	同上	同上
祭小社	同上	社庙	超凡的	政治团体	同上	同上	同上	很难，不喜欢	同上
祭大社	同上	同上	同上	同上	衙门	土司赐宴	同上	同上	同上

尊敬和祈愿的态度。它们是纯粹的崇拜;需要佛爷作为中介人,需要复杂的仪式;明显不带有任何的实际目的;最重要的是,如前面所见和下面要提及的,从做摆的时间到它整个的组织,都有利于摆夷之间的和谐。而非摆活动则直接带有实用、世俗的目的,通常更多的带有个人意义而不是团体意义;它们不需要佛爷。介于两者之间的冷细和汉辛弄,尽管也有摆的谦恭、崇拜的特征,但也带有非摆活动的功利目的。

那么,从广义上讲,我们可以说,摆本质上是宗教活动,而非摆活动本质上则大都是巫术。不过,非摆活动也包含强烈的宗教的因素:个人可能期望是实际好处的受益者,但仪式是团体的事;人们相信神灵拥有自己的意志,不会轻易为人所控。因此,我们不能用要么是宗教、要么是巫术这种简单的二分法来区分摆与非摆,它们之间的界限要模糊得多,前者拥有更多宗教成分,而后者则拥有更多巫术成分,是一种巫术性质的宗教。

* * * * * *

当然,夷方坝也有科学意义上的纯粹巫术性的活动,这些活动主要是个人行为,而与任何团体活动无关,因此这些活动不在我们的描述范围之内。这里只做一个简单的说明。

超自然信仰的个人活动可以分成两类。第一类是出于鬼神的信仰,当然严格说来,还是认为带有宗教性质的,这类鬼神被摆夷称为僻魄,是厉鬼的一种。摆夷日常谈话的一句流行语可以显示他们对于僻魄的看法。当某人被别人蔑视或怀疑时,他会说"我不是僻魄,不用怕我"。据说如有人被僻魄所控,他的亲属必须先请位巫师查清是哪种僻魄,然后确定驱逐方案。在我搜集写作素材的那木寨,有两个巫师。一个巫师专门从秘密的记录里察看作弄你的是什么僻魄,然后供给你一个合适的驱逐方案。另外一个巫师则声称他能亲眼察看僻魄,亲身驱逐僻魄。后面一位巫师是最近六年来才出现的,所以信仰他的还不多。大多数摆夷还是相信用威势人人都有能力挑战僻魄。我在夷方坝时,弄辛寨就发生过一件不幸的事。一位老人鸣枪为被祟的侄女驱逐僻魄,但意外击毙了侄女和亲翁。头人呈报这桩案的时候,用了这样的词句:"所属坝子常有用枪驱逐僻魄之习惯。"从这个例子可以看出,摆夷人人都能应付僻魄,没必要请教专家。

第二类被认为是纯巫术的活动的是著名的放蛊。蛊是一种可以用咒语来实现的神秘活动,它既可以采用虫的形式,也可以采用药材的方式。人们普遍相信蛊完全是在它的主人的掌控之下,放蛊的人可以随意收回。因而,若有人中了蛊,解救的唯一办法便是找到放蛊人。摆夷相信,蛊可以用来报复敌人,指导善行,甚至可以以敲诈为生。在我待在芒市的那段时期,不曾见到任何与中蛊有关的情形。然而这种信仰的影响不应该被低估。正是因为它,有些汉人发现很难抛弃他们的摆夷妻子,因他相信自己已被妻子放了蛊,如自己抛弃她,她就会随时来害自己。寨中的许多老人受到很好的照应,原因在于大多数摆夷担心贫穷会使他们弄蛊害人。

第六章 消耗和工作

凡是到过芒市,看过摆夷的摆的,无一不为它极端的浪费感到惊讶。这样说并非没有根据,因为摆最能引起一般人注意的特点当然是过度的聚餐,大肆的挥霍。街上铺满了人们用汗水辛苦换来的米花;多年辛苦节省下来的衣饰,一到冢房里,就完全被废弃了;而且,若考虑到他们日常生活的简陋,更会觉得这种非理性的支配财富的方式令人难以置信。

不过,若是理解了这种"消耗"发生的背景,也许就会有不同的看法了。换言之,若是把摆放在芒市的整个物质、经济背景中,做一下细查,就会发现它对于摆夷个人乃至整个社会都起着非常重要的作用。即使这笔消耗再大,它仍然做出了自己的贡献。既然摆的突出特点在于它的经济方面,我也就不妨从这方面着手分析。

一

首先有必要知道的是在芒市做一次摆要消耗多少财富。可是做摆所费按照做摆的种类而有所不同,因而很难得到确切的数字。本章我要描述和分析的仅是关于大摆的消耗。大摆的主要费用是由做摆的主人所担负,但是参加的人都要带点礼物来,哪怕很少一点,像两碗米饭、一百铜制钱也可以。而且在做大摆的几天,全寨以及一部分邻寨的人不仅要暂停两三天的工作,不顾可能造成的损失,而且要准备新衣服、新首饰,因而花费要比平时多得多。有客人的人家,还得支付一大笔招待费用。因之确切的费用很难准确地估算。我能提供的只是做摆主人的花费,这些数字相对来说还比较确切。

当那木七家做摆的时候,我曾花了一整天时间向各家主人祝贺。每到一家,随意地与帮忙的闲聊一下,询问这家主人做这次摆花了多少钱。当他告诉我大体数目,我又佯装怀疑的样子,他通常会接着告诉我具体的数字,来证实自己所说的真实性。譬如,他会逐一列出供品的价格、猪肉的价格等。这些数字很难凭心算加起来,于是只好借助于纸笔计算。我用这种方法得到了不少材料。站在旁边的其他的帮忙的以及聚餐时的陪客也给我补充了不少信息,指出哪些数字是不确切的,哪些被漏掉了。几经修正,我得到了表 5 中所列的被认为比较确切的数字①。

从以上所列数字,可以看出在当时情形下做一次大摆,最少的要国币 5 800 余元,最多的要国币 8 390 元。据我估算,那木寨七家在这三天里,总共要花费近 50 000 元。这只是做摆主人的花费,还不包括参加人的功德和劳力的报酬。

要研究摆的经济意义,第一步是要将这份支出与芒市人民的生活费用作对比。据李景汉先生在 1939 年的调查,一个五口之家

---

① 芒市过去所用货币主要是中国银币和印度卢比。在 1937—1944 年的战争之前,折换率为一卢比换九毛五分。按照 1935 年中国政府公布的《法币政策实施法》,银币已禁止流通。而事实上,目前(1947 年)仍在流通。在 1937 年战争开始后,国币法币被引入了芒市,但由于摆夷对印刷在法币上的汉字不理解,因而并没有普遍使用。按律(国币)1 元的价值等于 1 银元,但由于战争时期通货膨胀,在 1940 年 1 月市场上的折换率为:1 卢比=7 元(国币),1 银元=5 元(国币)。

表 5 大摆的费用(元)

	线一	龚老辛	线老头	线二	金寡妇 囊寡妇	金	邦	合计
猪肉	3 600	4 800	4 800	4 800	4 200	3 600	3 600	29 400
佛像	1 015	1 330	1 120	1 260	1 099	910	1 015	7 749
衣服	300	400	650	650	300	300	300	2 900
被单,铺盖枕头	200	280	200	270	350	150	200	1 650
抄写佛经	240	360	360	280	120	150	140	1 650
瓷器	70	90	60	80				300
纸扎物	300	470	340	450	300	290	320	2 470
其他	400	600	500	600	300	400	300	3 100
特殊物品	100		280					380
总计	6 225	8 330	8 310	8 390	6 669	5 800	5 875	49 599

的家庭，一年的生活费用约为 400 国币①。但要满足目前的需要，这个数字需要修正。在李先生做调查时，国币与银币在官方和市场上的比率都是 1∶1，但在几年后我做调查的时候，国币与银币的比率为 5∶1，这主要是由于战时通货膨胀，尽管官方在极力控制。而且，李先生没有考虑两个重要因素。譬如，他既没有注意到衣料的染色费和饮酒的费用，也没有估算每人要缴纳的高额赋税。因而，据我调查，每一家在 1940 年的生活费用大约为银币 500 元（相当于国币 2 500 元）。

如果这些数字可信的话，大摆的经济意义也就清楚了，因为上面列出的做大摆的最低费用也能维持一个普通家庭两年的生活。

发现大摆的经济意义的另外一个途径，是把做摆的费用与其他仪式的费用做一下比较。像大多数社会一样，在芒市，除了摆和非摆活动，婚礼和丧礼也是重要的场合。在夷方坝，丧礼很简单，人死了，他的亲属只需要给尸体穿一套新衣服，做一口木棺材。棺材通常是从冢房免费获得（做善行的人有时喜欢捐点做棺材的费用）。如果不是死在十二占星术（内地称十二干）②的第五日（或龙日），一般都要求尽快埋葬，护送到埋葬地的仅限于死者的亲属以及左邻右舍。死者亲属中的年轻人抬着棺材，由大佛爷指引着，大佛爷的钟放在哪里，棺材就埋在哪里。亲属为参加葬礼的人提供一顿饭，有时为了死者的安息，晚上请大佛爷念念经。因为一切做得太仓促，很难估算所用的费用。

---

① 李景汉：《摆夷人民之生活程度与社会组织》，《西南边疆》，1940 年 9 月，第 2 页。

② 可参见 *Gazetteer of Upper Burma*, pt. 1, vol. 2, pp. 45–47; pt. 1, vol. 1, pp. 208–213。

婚嫁的花费一般说来比丧礼多一些,不过仍赶不上大摆。我简单介绍一下我亲自参加的房东儿子的婚礼情况,这是一个被寨民们认为非常豪华的婚礼。在这大喜之日,发出了九十二张请帖,仪式前后持续了三天。第一天(正式婚礼前两天)为帮忙准备婚礼的人提供了五桌饭菜①,第二天(婚礼前夕)一共请了三十桌客人,第三天(婚礼举行日)大概是三十七桌。这三天,酒肉的消费约国币1 500元。另外,还有聘金礼包括100坨肉(约合国币500元)、100碗酒(约合国币300元)、30两银子(约合国币150元)②。所以像我的房东,作为一寨之长用在他儿子婚礼上的花费总共约国币2 450元。但另一方面他收到客人的礼金达1 480元,从他儿子所属的钱会那儿也收到155元。因此这次婚礼的实际支出不超过国币900元。可能有人会指出他收到的礼金应该看作是别人付还的或是自己将来要付还的份子钱。但不管怎样,即使不考虑礼金,这次婚礼的总花费(2 450元)也仅仅是做大摆的最低费用的一半。以上仅是关于男家的花费,至于女家,请客有男家的酒肉,嫁妆用聘金足够支付,因此婚礼的花费主要是由男家承担。

通过上述分析,可以认为婚礼比大摆"耗费"少。但在芒市,还有两种相对减少婚礼费用的方式。如男方逃婚或是抢婚,他可以少支付一半的聘礼,甚至是不花钱,当然,他还可以节省请客的钱。所以,我们可以得出这样一个结论:做大摆是摆夷举行的最昂贵的仪式,事实上,是唯一一种能叫他们破财的方式。为什么会出现这种情况?要回答这个问题,首先必须分析芒市的自然条件,

---

① 这些饭分置于方桌上,按内地习俗每桌坐八人。
② 根据1930年土司的规定,这笔钱(30个银元)开始取代30两银子使用,但多数人仍然讲他们给了新娘30两银子。

这应该被看作是研究摆夷经济状况的最好切入点。

二

芒市,本书所特别关注的这个地区,是位于云南西南怒江与伊洛瓦底江之间山区中的一小块平原。严格说来,它包括两块平原:主要的一块约12英里长、约8英里宽,另一块被称为Hsiang-Kan平原,约9英里长、5英里宽,海拔约3 350英尺[①]。三台山(5 500英尺高)在西南方穿越平原,西部边界是海拔高达4 800英尺的邦马山。这里的确是一处最美丽的乡野,也是摆夷居住的最适宜耕种的平原之一。从任何一个山头登高一望,都可以看见到处是稻田、草地,饰以簇簇的青竹,缀以在蓝天衬托下显得格外醒目的榕树。按理说,这样一块广阔、肥沃的原野,应该会招来那些为土地不足所困扰的内地人艳羡的目光。然而,尽管在地理上,它也许是人间天堂,但在其他方面,对内地人来说却是威胁的同义词。"要走夷方坝,先把老婆嫁"这句俗语已家喻户晓,因为她早晚会成为寡妇。内地人相信"穷走夷方坝",对他们来说,走夷方坝是最后的选择,除非不得已,否则人们不会选择此处作为自己的目标。

使内地人对夷方坝望而生畏的是被他们称为"瘴"的一种疟疾。这种瘟疫的流行可以用某些气候因素和地理条件来解释。芒市的气温变化很小,最冷的月份是一月份(1940年的平均温度约为12.9℃),最热的月份是八月份(26.3℃)。在1940年的5月、6月、7月、8月、9月、10月份这六个月里,平均温度在24℃以上。在1月、2月、12月这三个月里,平均温度在16℃以下。至于余下

[①] Davies, *Yunnan: The Link Between India and the Yangtze*, pp.110 & 111.

的几个月(3月、4月、11月)平均温度在16℃以上。下表根据疟疾研究所芒市站的记录,列出了芒市在1939—1940年期间的温度变化范围①。

表6 芒市的月均温度(℃)(1939—1940)

	1月	2月	3月	4月	5月	6月	7月	8月	9月	10月	11月	12月
月　均	12.9	14.7	18.7	20.3	25.0	25.5	26.0	26.3	25.7	24.1	16.5	13.9
月最高	20.5	23.1	25.7	25.7	27.4	28.1	27.5	28.4	28.1	27.7	20.1	19.2
月最低	5.3	6.2	11.7	14.8	22.5	22.8	24.5	24.3	23.3	20.5	12.9	8.5
变化范围	15.2	16.9	14.0	10.9	4.9	5.3	3.0	4.3	4.8	7.2	7.2	10.7

如上所示,芒市的平均温度,除了1月和12月,都在14℃以上②。这样的气候,加上大片的沼泽地,为蚊虫的滋生提供了条件,尤其是可以传播疾病的微小按蚊(A. Minimus)③。洛克菲勒基金会将该地区列为世界上最糟糕的三大疟疾高发地区之一④。

内地人普遍认为云南的"瘴"不只是一种疾病,而且是一种源于地表、附着在当地物体上的有害水汽,尤其是在早上和晚上。因此,相信像露水、雾、树木、水果、蔬菜等都被毒水汽穿透了。内地人在雨季不喜欢住在夷方坝,甚至不愿停下来吃顿饭。诚然,他们在雨季也不敢到那儿去。在一条通向当地要道的一个小山脚下,

---

① 云南省政府抗疟疾委员会:《疟疾研究所芒市站的工作报告》(1940年),附录一。
② "如果平均温度在16℃以下,疟原虫是无法在蚊子体内发育成熟的。"J. T. Culbertson, *Medical Parasitology* (New York: Columbia University Press, 1942), p.129.
③ 《疟疾研究所芒市站的工作报告》,第7页。
④ T. H. White and A. Jacoby, *Thunder Out of China* (New York: William Sloane Associates, 1946), p.136.

有一块大岩石被称为"回头石",意即如果有人不得不到夷方坝去,那么他必须赶快走,直到到了这个安全地点,在这之前甚至回头看一眼都是危险的。想到夷方坝去的人必须要有另外几个人陪着,这在内地人中已成为一条定律;若不这样做,他的亲属就会接连无故死去。这些传说在一定程度上说明了内地人对夷方坝的态度。

阻止内地人去芒市的疾病,对于摆夷来说并不怎样恐怖,不管是在心理上还是在身体上。很明显,经历了漫长的岁月,他们对于疟疾已经产生一种特殊的抵抗能力,成为唯一能在那儿生活的人。大多数情况下,他们感染疟疾表现出来的症状与内地人不同[①]。这种免疫力也是摆夷能长期独占这片沃土的原因之一。

三

为了理解芒市的经济状况,我在那木寨作了一个总调查。这里不仅仅是要对人们的生活做一个简单的描述,而且要尽力说明摆夷与寨里经济活动之间的紧密联系。那木寨共 232 户、1 482 人。根据衙门的户籍登记,除旱田、菜园外,全寨的水田达 1 129 箩种。一箩种地等于能种一箩[②]种子的一块地,据我估算,一箩种地约相当于 24 公亩[③],全寨的已耕水田面积估计可达 27 096 公亩。如平均分配的话,每户可摊得 116 公亩(或 1.16 公顷),每人

---

① 《疟疾研究所芒市站的工作报告》,第 8 页。
② 芒市的计量单位如下:2 升=1 磅,10 磅=1 箩。一般 1 升米重约 840 克,因而 1 箩米约重 16.8 公斤。
③ 为了看看一箩种地到底等于多少公亩,我被迫花了整整一周来找一块适合长度测量的地。最后,根据我多年的经验,找到了一小块我认为正好能种两箩半种子的地。

本书所用的计量法为公制计量法,中国政府在 1929 年采用了以小数单位为基础的公制计量法,这种新的计量法已逐渐在多数地方实行。1 公顷 =2.471 英亩。

可摊得 18 公亩。

每家拥有的耕地数决不能算太大①,可是有两个因素需要考虑：第一,这些耕地尽是水田,不能看成多数经济学家常用意义上的那种耕地。通常所说的耕地一般包括水田和旱田,旱田即非耕土地,常常只生长作柴火的小草木。前面的几个估算已指出,水田与旱田的比例为 1∶1②。第二,由于种种原因,我的测量只是单块地,一箩种的大小(一定数量的种子能播种的面积)随着土壤的类型而有所变化,因而,严格说来,上面所列数字所表示的仅仅是个别土地的实际面积。此外,我的信息是由寨民自己提供的,他们害怕被征税,不能寄希望于他们说出家庭拥有土地的全部实情。由于这种种原因,据土司和寨民所讲③,每户拥有土地的实际面积,远比上面所列数字要大。这些数字至少应该是他们所说的两倍④。但很难找到相关的材料来证实这个观点,我只能根据我亲身调查的结果做出估算,但可以肯定的是,实际的稻田面积比我所说的要大。

再者,这些稻田到底能够供养多少寨民,是应该进一步讨论的问题。一般说来,一箩种稻田估计可产 100 箩谷,10 箩谷可得 4 箩米。这样的话,1 公亩每年收谷米可达 28 公斤,1 公顷可得米

---

① 按照最新的估计,中国的耕地面积为人均 2.6 亩,或者 0.43 英亩、19 公亩。(国民政府主计处统计局：《中华民国统计提要》,商务印书馆,1935 年,第 471 页)

② 同上,表 129。根据贝克搜集的资料,有 2% 的水田分布在东南各省,7% 在华北,约 49% 分布在华中地区。O. E. Baker, "Land Utilisation in China," *Problems of the Pacific* (Chicago, 1928), p. 337.

③ 土司告诉我,他知道寨民低估了他们的土地面积,但由于他只是代理土司,他不想按照实际拥有的土地面积来重新调整税收。在他看来,这样的决定只会激怒平民百姓,影响自己的声望,尽管这可能会有利于自己的侄子——未来的土司。

④ 寨民普遍相信每箩的面积相当于五亩的大小。(中国的一亩,尽管在各地有所变化,但通常都相当于 7.7 公亩或 1/6 英亩)

28公担①,依此类推,那木全寨每年共收谷米7 586公担,其中除去官租19 060箩(或3 202公担),实剩4 385公担。现在我们必须考虑全寨人对这些谷米的依赖程度。

据我统计,那木全寨人口共1 482人。下面根据表7列出的性别和年龄做一个大概的分析。

表7 那木的年龄和性别分配情况

社　　龄	男　性	女　性	总　计	百分比
小人(15岁以下)	254	273	527	36%
菩毛或菩色、波或咪(15—50岁)	395	387	782	52%
老人(50岁以上)	70	103	173	12%
合　计	719	763	1 482	100%

这个对个人的统计数字是我挨家挨户走访得到的。因摆夷很少用岁数来算年龄,因而很难得到他们的确切年龄。对他们个人的分类是基于"社龄"的概念(见表7),譬如,小人(男孩和女孩)、菩毛和菩色(青年男女)、波和咪(已婚男女)、老人(老年人)。这些菩毛和菩色、波和咪的实际年龄,很难确定,只能是估算。不过,寨民认为这估算是很确切的。

为了估算全寨所需要的谷米数,必须尝试着根据寨民自身的经历,来确定一般成年人的人均消费量。他们估计一个成年人每月消耗一箩米,那么一年消耗2公担米。为了得出生活所需要的谷米总数,有必要根据性别和年龄做一下调整。在已被采用的这个阿特沃特标准中,不同年龄和性别的人折合成壮丁的比率是有

---

① 据J·L·巴克统计,中国稻作产量,1公顷约产25.6公担。(J. L. Buck, *Chinese Form Economy* (Chicago: University of Chicago Press, 1930), p. 208, fig. 11) 芒市稻作产量似较平均为高。

所变化的,费孝通根据对中国乡村生活的观察①对其进行了修订。表 8 做出了这样的分析。

表 8　那木寨民需要谷米的分析

年龄组	折合壮丁比率		人 口		折合壮丁数
	男	女	男	女	
小人(15 岁以下)	0.60	0.50	254	273	289
菩毛或菩色和波或咪 (15—50 岁)	0.95	0.80	395	387	685
老人(50 岁以上)	0.80	0.70	70	103	128
折合壮丁总数					1 102
每年需要的谷米总数					2 204

以上分析表明,那木全寨每年要消费的谷米总数是 2 204 公担。若此分析是正确的,那么交租后那木全寨有 4 385 公担的谷米,足够维持全寨两年的生活。若芒市是灾害频仍的话,那也不会有太多节余,甚至还无法满足人们对食物的需求。但事实是芒市坝一直十分富足。一位九十三岁的老人讲,他一生中就从没经历过旱灾或洪灾。人们的信仰中没有像内地普遍存在的田公地母、禾神龙王之类的神灵。既然庄稼可以不受超自然力量支配,纯靠人力可以收获,显然也就不必要求什么特别神灵的保护。生活在这片沃土上的人们,不仅不受饥馑威胁,而且实际产量远超过他们的正常消费,这就有了"消耗"的可能性,像做摆这样的消费,完全是他们力所能及的。

---

① H. T. Fei and C. I. Chang, *Earthbound China* (Chicago: University of Chicago Press, 1945), p.51.

四

处在这种富足的社会中,谋生是很容易的事。不光是那些有田有地的,也包括那些雇工。摆夷非常重视劳力,这一方面是因为在一定的月份中,耕种稻谷是很艰难的工作,一方面是由于土地的分配不均。在芒市,与在其他夷方坝一样,全部土地归土司所有,但任何人都可以从寨里头人那里得到任何一块未被占用的土地,假使他认为值得为那块地交官租的话①。然而,情况逐渐变得困难起来,由于水田数量有限,现在人们只能得到旱田了。因而,那木寨只有一半的村民耕种水田,而且土地大小不一。根据对那木寨的调查发现,102 户或者说全寨 232 户的 44% 是无田的雇工;130 户拥有自己的土地,占 56%。具体的土地分配情况概括在表 9 中。

表 9 那木寨的土地分配

面 积	户 数	占全寨总户数百分比(%)	亩 数	占全寨农田百分比(%)
60 公亩以下	8	3.40	384	1.4
60—180 公亩	61	26.30	6 960	25.7
180—300 公亩	36	15.51	8 424	31.1
300—600 公亩	21	9.05	8 304	30.6
600—1 200 公亩	4	1.35	3 024	11.2
总 计	130	55.61	27 096	100

---

① 通常,某人要得到一块土地,他必须先送给村里头人一份礼物,包括一点烟草和茶叶。作为回报,他从衙门得到一笔钱(三十年前是 15 两白银),用来买种子和家畜。官租在耕种三年后开始征收。

水稻种植需要耗费大量劳力,中国一般的水稻种植每公顷需要117个人工单位①。但必须注意的是,这些繁重的工作并不是平均分配在全年中,其中大部分是集中在气候适宜的几个月中,尤其是插秧和收割时,这就是夷方坝非常重视劳力的原因。那些土地多的必定要请人帮忙,不仅忙季请,其他时间也要请。这些雇工有两种谋生方式:第一,他们可以做长工,和主人生活在一起,每年可以得到120箩谷米、一套衣服和两双鞋子作为报酬。就我所知,那木寨只有七个这样的长工。大部分无地的寨民是做季节工或是短工。他们受类似的环境支配,生活方式没有多大变化。水稻种植不仅需要大量的人力,而且也需要雇用畜力。像拉犁这样的工作,黄牛和水牛是必不可少的。据估算②,在中国种水稻每公顷大约需31个畜力单位③,显然芒市必定有大量的家畜。寨民养黄牛和水牛不仅仅是因为劳力匮乏,也是为了增加收入。我发现那木全寨拥有的家畜总数是243头水牛、355头黄牛和32匹马。其中将近一半(117头水牛和193头黄牛)为无地的雇工所有。在忙季,一头水牛可以以每天8箩谷子的价格出租,黄牛为每天5箩谷子。牲畜还可以在其他时间用来运输,粪肥和燃料也是有价值的副产品。这样的工作是必不可少的,而地主要依靠雇工来完成它。

通常一个劳力每天的报酬为1箩谷子,不分年龄、性别或季

---

① 一个人工单位是指一个普通农民一天十个小时的工作量。此处据 Buck, *Chinese Farm Economy*, p. 228。

② 一个人工单位是指一个普通农民一天十个小时的工作量。此处据 Buck, *Chinese Farm Economy*, p. 231。

③ 一个畜力单位是一个牲畜一天十小时的平均工作量。一头公牛估算为一个畜力单位,其他动物则根据其进食量与排便量与公牛的对比折合成畜力单位。(同上)

节。根据前面的估算,这个报酬意味着一个寨民劳动三天就可以得到维持他一个月生活的谷米。多数情况下,雇工忙季在寨里劳动,闲季去缅甸做个流动工,或是小商贩。我房东的一个侄子曾多次去过缅甸,他告诉我,四个月的工作,情况好的话,他可以赶回一头价值至少700元国币的水牛。大家都相信至少可以赚价值300元国币的四圈洋纱。在芒市以及类似的社区,任何人都可能靠劳动得到充足的资金,并从资本中积累财富。

　　在这片从无饥馑威胁的沃土上,谋生是很容易的。早上,寨里的各家各户都将食物送到冢房。他们的供品丰富到如何处理都成为和尚们的一个难题。既然总是有和尚们消耗不掉的大量米饭、蔬菜、水果、米糕等,因而社区里没有乞丐。不愿意或者不想辛苦劳作的,可以去冢房求得救济。若一个人到冢房扫地,按惯例为了维护他的独立感,和尚们必须给他救济。在那木有九个人接受这种救济,而且只要他们需要,就可以继续下去。另外一种救济穷人和残疾人的办法是"养孤老"。若某个男人或女人需要帮助,他或她可以宣称自己是一个孤老,这样全寨就会承担起供养他们的责任。每天早晨,除了送食物去冢房,也会送给他们。就我所知,我在那木时,寨里有两个女人和一个中年男人以此为生。因而,寨里既没有乞丐,也没有小偷,因为和靠偷窃比起来,靠施舍可以过得更好。我常问寨民:要是河流两岸无人照料的水碾上抓到一个偷米的小偷,他们应该作何处置?起初,寨民对我的提问感到非常意外,他们说这样的事情从来没有发生过。但我坚持要个答案,有人犹豫片刻,答道:"我们应该放他走。"但多数人的想法是他们决定将这可怜的人带回家,再给他点米,因为水碾上半箩谷米只够维持短期生活,为了慈善起见,应该再给他添一点。

生活在这样的社区中,有人可能会认为摆夷会不愿意劳作。可事实完全相反,他们不仅在寨里辛勤劳作,而且在旱季,越过缅甸边界,在猛谷的宝石矿里、邦海的银矿山中、缅甸掸邦的农田上,都可以发现来自中国夷方坝的大量流动工,他们都是辛勤的工人。那么,他们为什么要工作?换言之,他们如何处理日常生活中消费不了而积累下来的财富?这是一个需要讨论的重要问题。

五

一般说来,财富利用不外乎两种途径:一是为积累更多资本而进行投资,一是用来消费。据我分析,在芒市坝,投资可以通过经商和扩大耕种两种方式。可是两者对摆夷都有很大的限制。

经商,首先是地理环境的不利。与云南西部其他夷方坝相比,芒市处于最有利的位置,因为贯穿芒市的龙陵山脉海拔只有1 200英尺,龙陵的谷米供应部分依靠摆夷。但具体考察就会发现,大规模的商业发展仍受到限制。困难在于,龙陵是人烟稀少的山区,其最大的镇也只有4 500人,并且多数村寨都彼此相距至少一天的路程。龙陵山东部有幽深的怒江峡谷断层,其两边海拔高度达到令人叹为观止的12 000英尺,湍急的细流直泻到5 000英尺以下,海拔最低的山道也有近8 000英尺高。其北部与东部,有其他山脉——怒江与长江的分水岭,平均高度约7 000英尺。其南部的三台山,海拔约5 550英尺,将芒市与最近的夷方坝隔开。这种地理环境使远行者无法忍受。除了龙陵,中国境内的另外两个大镇要走四天的路程才能到达。越过边界去缅甸最近的镇——南坎需要三天的路程。旅行大都包括艰难的翻山越岭,看着近在眼前的村寨常常也要半天走到。因而,地理因素已极大地制约了夷方坝的商业发展。即使生活在这种环境中的人们能克服这个问题,他们还得面对另外一个不利条件。

文化上,云南西部的土司坝是很小的单位,被外来群体(东北的内地人和西南部的缅甸人)包围着,政治上,属于中国版图的一个组成部分,但他们不仅在语言上,而且在生活方式上都与内地完全不同,也不同于缅甸人。内地人和缅甸人都可以通过广泛建立起来的亲密关系网来很好地组织经济竞争,扩展他们的经济活动。而摆夷在这些方面大多处于劣势。他们信息闭塞,缺乏经济联系,因而在这无情的竞争中也常常被击败,沿街叫卖者和小商贩除外,因为在这些行业中劳力是比资金更重要的因素。多年的经历使他们对现实形势有了清醒的认识。这从芒市经常可以听到的两句谚语中得到了体现:"做生意不能长远";"聪明人做生意在近处,笨伯做生意则在远处"。这两句谚语全面表达了人们对经商的态度和对周遭环境的认识。

财富利用的另外一种途径是投资于土地。严格说来,摆夷的土地所有权在法律上都属于土司,平民拥有的只是耕种权。不过,这种耕种权实际上如同私有权。所谓所有权属于土司,只不过是一种土司收税的理论根据。只要按期纳税、交租,耕者可以持续保持他的耕种权,甚至在一定程度上,耕种权可以自由买卖。但无论平民多富有,受水田面积的限制,他可以耕种的土地是有限的。因而在这种环境下的投资于土地无非是稻田耕种权的彼此转让。正如我们前面已经指出的,摆夷的土地耕种权已逐渐出现了集中的趋势。在那木,有102户或者说近44%的农户属于无农田耕种权的雇工,只有130户拥有土地耕种权。

这种土地集中的趋势,既受当时科技手段匮乏的制约,也受许多经济因素的制约。若没有出口的机会,超过一定规模的耕地扩张反而可能无利可图,而这出口反过来也受地理环境的制约。而且,当时也没有好仓库。通常谷米先放进涂满泥灰的竹箩里,储藏在空屋子里。有时量大的甚至埋在深插地下的长杆里。由于储藏设施不足,腐烂的谷米必须及时地处理掉,或烧掉,或用来喂牲畜。土司告诉我,在1936年,我来访的三年前,他烧掉了800箩谷米。他说那是没有办法的事,因而他不在乎那点损失。他宣称芒市的境况比其他夷方坝好得多,因为龙陵人的粮食供应在一定程度上依靠芒市。在15公里之外的一个夷方坝——遮放,土司每年不得不烧掉10 000多箩谷米。像这种境况不仅说明人们技术落后,而且也清楚显示出人们没有管好谷米的迫切需要。

　　投资被摆夷认为是财富利用的第一选择,但在夷方坝,这个可能性是受到限制的。因而,这剩下的选择便是消耗了。值得注意的是,由于种种原因,摆夷也难以将所有积蓄花费在日常需求,从而提高生活水平上。首先,由于教会等级、阶级体制的严格限制,人们的生活固定于某一水平上,所有提高的尝试都是被禁止的。他们的房屋不管在高度还是在面积上,都不能超过衙门。他们还被禁止设计早上朝阳的房屋。这被认为是冢房的特权。无论是多富有的人家,妇女都不能穿丝裙或黄色衣服。其次,一个社区生活水平的提高依赖于社会分工的发达程度。就夷方坝而言,分工尚不发达,人们的工作主要是从事耕作。其他必不可少的工作,像建房和酿酒,则只能靠内地人了。而且,正如我们多次指出的,由于受地理环境的制约,除了邻县的内地人,他们无法将生意扩展到更远的地方。因此他们的消耗范围受到当地所能提供的商品和服务的制约。譬如建房,设计严重受到当地工匠有限技术的制约。不管多富有的人家,他都建造不出超出他所雇工匠水平的房屋来。在我居留期间,土司想方设法要找个好厨师;后来他在附近找到了最好的一个厨师,不过他家的饭食仍然不理想。生活水平的提高是一个关乎整个社会体制和环境的技术和知识上的问题。摆夷已经接受了很多现代产品:他们有了缝纫机,但因无适合骑车的路,没有自行车;他们有留声机,但没有无线电广播,因为村寨里没有发电机。由于日常生活的改变在夷方坝受到严格限制,因而很难找到消耗财富的出路。做摆在一定意义上只是被当做花光积蓄的一种方式。

六

　　为处理过剩的谷米,摆夷大规模地酿酒。在每年的旱季,各个村寨都会搭起几个草棚,让从邻县赶来帮忙酿酒的人在棚子里酿酒。这并不是说摆夷不会酿酒,而是因为酿酒需要人手多,制作过程较长。因而,他们宁愿付出点谷米也不愿自己酿酒。在1940年旱季,那木寨有七家内地人开的酿酒作坊。按理说用5箩米(谷米)即可以酿得100碗好酒,而摆夷却用17箩谷子(约7箩谷米)换得100碗酒。那年雨季将至的时候,因税收原因,酿酒的向衙门报告,他们那一季酿了16 000碗酒(实际数字当然比那更高)。也就是说,这意味着全寨耗费在酿酒上的谷子至少有2 720箩。不过值得注意的是,这些米酒仅仅是他们全部消耗的一部分。遇到婚嫁和做摆时,他们不仅自己酿酒,而且还有两个长期住在寨里的人,保持酒的不断供应。因为这些数字很难估算,所以我们无法确切计算全寨每年耗费多少谷米在酿酒上。一位寨民告诉我,这些内地人在旱季酿的酒,只能维持三四个月。从餐餐喝酒的习惯判断,这个估算应该很真实。寨中 15—50 岁的男性有 395 个,50 岁以上的有 70 个。如果只有一半的人吃饭时喝酒,喝的酒也不超过半碗的话,那么估算与实际出入不会太大。米酒的大量消耗,使得一个名叫姜三舟的内地人成为寨里最富有的人之一。姜的父亲三十年前初来夷方坝酿酒,尽管他生前没有攒下多少财产,但为儿子打下了良好的基础。老姜死后就葬在夷方坝,他死后,他的儿子娶了位傣族姑娘做妾,在寨里定居下来,开始为寨民酿酒。不到二十年时间,他已成为寨里最富有的人之一。他在城子里拥有一间大商店。作为借钱给别人的成果,他还拥有了六块不同土地的耕种权,其中四块属于那木寨,另两块属于外寨,总面积约 19 公顷,占到全寨土地的近七分之一。摆夷相信这笔财富可以用风水(他父亲坟墓的风水)好来解释。人们说他父亲葬在夷方坝最好的一个地方,且这种地方只有内地人知道。但无人意识到他的财富是从他们的酒瘾中积累下来的——是他们二十年不间断喝酒的结果。

然而,酿酒只能处理掉一部分谷米,作为一种消耗方式,无法与赌博相比。摆夷会定期将钱花在大规模组织的赌场中。

赌博最初是由土司本人作为一种搜刮人民钱财的方式开创的。通常大规模的赌博场是被禁止的,不过在某些特定的日子,如新年,禁令也会放松。一般情况下,当土司本人或衙门缺钱时,他就会让赌场在某个地方开一段时间,他从中收税。赌博生意大部分由来自广州的内地人掌管。1937 年,土司曾允许那木寨进行大规模的赌博。据我房东描述,那真是个盛大的场面,许多人输掉了全部积蓄。其中就有我房东的大儿子,他输掉了 5 000 元国币。此后,他逃离家乡,再也没有回来。赌场开了十多天,在这期间多数寨民都基本上输得精光。在最后两三天里，为了最后一搏，挽回损失，他们被迫向别人借钱。没人晓得全寨到底损失了多少。我的房东告诉我，土司的母亲借了一大笔钱给寨民，条件是欠债人每 100 卢比每年要付 48 箩的谷米作为利息。甚至到现在（1941 年），全寨仍旧不得不把 72 公顷土地作为付给土司母亲的利息，那几乎是全寨土地的四分之一。由于种种原因，很难去验证我房东这些信息的真实性。譬如，他女儿说既然以这么低的利息借贷在芒市很少见，那么土司母亲和赌场负责人都不应该因赌博而受到谴责，那些开赌场的并不是真正的恶人。但她父亲打断她说："你这样讲是因为你收到赌场负责人的许多礼物。"有趣的是，我注意到，除了姜家（定居在此的两个内地人之一，靠酿酒赚下了大笔财产），另一家姓李的内地人因为赌场的缘故而定居在那木寨。现在这个姓李的父亲是个广州人，15 年前定居在寨里，靠经营赌场致富。据寨民讲，在他父亲时，李家像姜家一样富有。但父亲死后掌管生意的儿子不擅长赌博，几乎挥霍掉了他父亲留下的所有财产。现在他所拥有的是每年能收 300 箩谷米的一小块土地的耕种权。这并不足以供养他全家，所以他也为寨民酿酒。

另一种寨民消耗积蓄的方式，与打发闲暇时间一样，是巡回剧团。这种剧团的组织是以村寨为单位，经常是每年收获后全寨所有青年组成一个剧团。这件事是由年轻人发起后，经头人同意的。首先，全村要拿出一大笔钱来买行头；接着，在排演期间，这帮青年人不仅不工作，同时，村里其他人还得轮流为他们提供膳食。排演常常持续两三个月，从秋后一直到阴历新年；然后在邻寨演出。摆夷认为，别寨巡回剧团来演出是本寨的极大荣耀，因而巡回剧团成员受到隆重款待。这些剧团演出的通常是一些根据内地通俗小说改编的戏剧①，一般都比较长，常常要持续十几天。在演出期间，寨里的日常工作都要停顿下来。寨民不仅要款待演员，还必须款待来寨里看戏的所有亲朋好友。晚上的演出比下午的更活跃，是寨里最热闹的时候。舞台附近挤满了人。青年男女像在做摆期间一样，尽情地娱乐。长戏演完后，演出队伍又移至其他村寨。这些巡演的主要收获，首先是成就了若干对青年情侣，不仅在演戏的村寨，也包括其他村寨；其次，不同村寨间形成了一种特殊的关系。譬如，某个村寨的头人可能会决定在来年回敬一部戏给款待他们寨民的村寨。

至于相关的费用，则很难估算。据土司本人所写的"禁止巡回剧团公演的告诫"，直接和间接花费在巡回剧团上的金钱总数，大概在国币 30 000 元左右。

通观摆夷消耗财富的所有方式，我们发现，在芒市做摆绝非唯一的"铺张浪费"的例子。但它可能会误导人们，认为把钱花在做摆上与赌博、喝酒等具有同样的意义。为了避免在这点上可能出现的混淆，有必要对摆的活动做更深入的分析。

七

在有些人类学者看来，像做摆这样的活动可能只是"经济过剩的表现"，统治阶层的地位可以因此更安全。人们普遍认为，"在一个政治组织相对简单的社会中，等级仅仅是对个人的尊重的表现，阶级差异所体现出的社会结构并不明显。相比之下，在更大的、阶

---

① 其中一部是《薛仁贵征东》，讲述了唐太宗（公元 627—650 年）时一个著名英雄出征朝鲜的经历。另一部叫《杨家将》，讲述了宋仁宗（公元 1023—1064 年）统治时期由杨家指挥的与辽国作战的故事。

级差异更明显的社会中,大量聚集的财富使得这种现象得以通过更复杂的方式表达"。因此,对生活在简单社会中的人来说,为了维持声誉并巩固特权地位,有必要处理那些通过不平等分配而得来的"剩余财富"[①]。

早期的人类学研究没有具体说明用于展示的物品数量,用的也不是真正的食物,更重要的是,没有说明经济活动在有关社会中的性质,这样泛泛的概括是可以理解的。但对于已知道细节的摆夷社会来说,这种解释几乎完全不适用。首先,这里被认为是"经济过剩的表示"的这个社会,政治组织绝不简单,社会结构是明显带有阶级差别的。其次,在芒市,不仅贵族做摆,平民也做摆。因此,说摆的功能是巩固一个阶级的高位,维护其社会威信,几乎可以说是错误的。相反,它的主要功能似乎是缩小贵族与平民间差距的桥梁,其次是为了激励摆夷通过工作积累财富。我们会在下一章讨论第一个功能,但关于摆与摆夷经济活动的关系必须先加以论述。

摆夷不仅仅把摆看成是一种消耗的方式,而是看作关乎他们一生的事,做摆是他们的最高追求。正是由于这种观念和对做摆的渴望,使大家都努力攒钱。除此之外,就再没有什么能激励一个人在满足日常需求之外努力工作的了。从表面上看,摆的经济功能似乎没那么重要,但如果我们试想摆夷生活在当前的社会环境中但唯独没有摆,可能就容易理解它的重要性了。

生活在芒市这么富饶的地方,消费途径受到社会环境和社会

[①] M. J. Herskovits, *The Economic Life of Primitive People* (New York: Knopf, 1940), p. 425.

体制以及地理位置的限制,没有像这样的激励,摆夷就不会达到现在的生活水平,他们的满足感会更小。邻县的内地人常常指责摆夷没有充分利用他们的土地。对许多局外人来说,他们似乎是花了太多时间晒太阳①。在地理位置上,芒市位于东经 98.35 度、北纬 24.27 度,靠近北回归线,应该适合开垦水田种植多季稻谷,但摆夷好像满不在乎这肥沃的土地,不理邻县内地人推行的耕作方式。他们几个世纪来坚持单季种植,这已成了夷方坝的农业特色,与邻近文化群体所采用的耕作方式形成鲜明对比。② 在滇缅公路开通以前,稻田常常是九月收获后到来年四月就不再种植了(只有少数情况下可能冬天种点豌豆)。已成为几个世纪来云南标准种植方式的收稻后种小麦的方式,因 1940 年衙门第一次将种子分发给村民而传进了芒市③。从邻县内地人取得的成果判断,夷方坝实行的种植方式是远远不够的,因为他们很少施肥、除草,任由秧苗自生自灭。有个内地商人曾告诉过我,任由稻田杂草丛生的内地农民是无法让自己的儿女结婚的。杂草丛生是农民的耻辱,只有懒汉才会任由它疯长。当然没有哪个女孩愿意嫁进一个被人看不起的家庭,也不会有哪个男孩愿意娶懒人家的女孩。甚至摆夷自己也意识到他们在农业方面不如内地人。他们说:"Mang shang, Lung shai, P'eng Heng,"这字面意思是:芒市人(譬如他们自己)犁地三尺,龙陵人(距离最近但不太富有)犁地四尺,保山

---

① 李景汉:《摆夷人民之生活程度与社会组织》,《西南边疆》第 11 期(1940 年 9 月),第 7 页。(应为第 8 页——译者)

② W. Credner, *Cultural and Geographical Observation Made in the Tali (Yunnan) Region with Special Regard to the Nan-Chao Problem*, trans. Erik Seidenfaden (Bangkok: Siam Society, 1935), p.9.

③ 原因将在第九章具体讨论。

人（邻近芒市最富有的地方）犁地五尺。这也意味着富人努力工作，穷人则不会。另一方面，摆夷生活在这一年收获可以维持近两年生活的地方，为什么还会费心年年种田，更不用说效仿种双季这样艰巨的工作？他们年年种田，并极力充分利用的事实，说明他们有某些强烈的需求，而不是出于维持生计的需要。现在，既然需求是推动经济活动的决定力量，那么摆也许就是促使人们去工作的最重要的因素。

想做摆的人都会努力工作，甚至只是想在做摆时服役的年轻人也不得不为了攒随礼钱而努力工作。这不仅适用于平民，也适用于那些贵族出身者。我初到夷方坝时，有件事情使我感到特别疑惑。我到达芒市三天后，当时位列土司次位的大总管请我吃饭。他在家门口欢迎我，并把我介绍给一个正在他富丽堂皇的红大门前摆糖果摊的妇女，说那是他母亲。我以为他们一定是家庭不和，或是老太太的精神有什么问题。不过，再考虑一下，又觉得这些推测好像是不可能的。假如家庭不和，为何儿子会把他母亲介绍给我，并充满深情地同她讲话？假如她精神有什么问题，她怎么会对我这么有礼貌？因为她要儿子把她的话翻译给我，说她认为他们的饭菜太酸，我应该不喜欢。后来我才知道导致这种反常情况的真实原因。在芒市，人们普遍相信做摆的钱必须是自己辛苦赚来的；认为通过不正当手段或意外得到的钱财并不被佛祖所看重。因此，如果一个男人想做摆并从名号中得到荣誉，他就必须自己赚钱。同样，如果一个妻子用她丈夫的钱做摆，她当然会得到名号和荣耀，但是根据神话故事，来世的宝座将是属于她丈夫的，因为没人能欺骗佛祖。那木寨民给我讲过两个故事。一个是关于一个商人，他做摆所用的钱是靠欺诈得来的，结果发现他在天上的宝座已被别人占了。另一个是关于一个主人克扣奴仆的工钱攒钱为自己做摆,结果是奴仆而不是主人得到了天上的宝座。在后面这个例子里,奴仆的工钱只是主人用来做摆的全部钱财中的一小部分,但既然它们是由奴仆的汗水赚来的,那么天上的宝座也应该属于奴仆。如果我们说所有贵族做摆所用的钱都是靠自己的劳动赚来的,是不完全真实的,不过,贵族出身者也有这样做的趋势。至少部分钱是自己劳动赚来的,哪怕只是一小部分。这就是为什么作为夷方坝最富有的老太太,土司的母亲仍然每天忙着做为寨民纳鞋底这样辛苦工作的原因。在收获季节,为了赚点钱做摆,贵族会像寨里的雇工一样劳动。我的房东告诉我,前几年已故土司的遗孀(现任土司大哥的遗孀)曾在邻村 Mong P'u 做工近两周;土司的叔叔,一个很有才华的傣族经文学者,已经当了很多年的抄写员。

八

而且,在某种特殊情况下,做摆不仅为个人,也激励着那些关系到整个社区福祉的集体工作。这样,做摆催生了许多建筑工作,如作为功德的建桥、修路。像我在上一章所描述的,做大摆同时又建座桥的人,会得到更高的名号或荣耀,以表示他的特殊贡献。既然由做摆的提供的这些建筑工作,带给他特别的荣耀,那么当要做特别的摆时,就会启动一系列有关整个社区幸福的工作。

芒市是一个群山环绕的湿润的平坝,土壤主要是沙质土。河流大多没有高堤而是直接在河床上流过。夏天,尤其是阴历七八月份,暴雨之后,山洪暴发,河流洪水泛滥,整个芒市坝常常变成一片无法穿越的沼泽地。此时,不仅村寨之间联系困难,甚至同村寨不同房屋之间也相互隔绝了。每年雨季,那木寨总有一个月,有时甚至是两个月被洪水隔成三块。为防止出现这种情况,采取的临时措施是在雨季开始前修路搭桥。沿着路边打进竹桩,桥梁用特殊的竹子加固。所有这些工作都由个人或是由村寨头人组织一帮人去做。那些临时措施不足以防洪的地方,必须建一座石桥或是修一条耐用的道路。因没有专门的社会组织来管理这些事情,这种工作一般是由与做摆有关的个人承担。据我的马夫讲,从那木寨到城子,7英里的路程,有3座大石桥和24座小石桥,都是做大摆的功德。不管个人打算在大摆中承担什么,他需要准备的只是建筑材料和雇用有技能的内地工匠。搬运和一些非技术活,一般由寨民尤其是青年团体成员自愿承担。此外,建冢房也是由个人做大摆的功德承担。

九

摆的吸引力不难理解,它使摆夷觉得他们的财富是有用的,其辛苦劳动是有所回报的。被大佛爷授予的"巴嘎"称号,实际上与苏联的"社会主义劳动英雄"称号差不多。此类称号好像是专为社会或是社会中的特定阶层设计的,在那里,由于某种原因,个人满足感与社会等级差异受到限制,而这种称号能极大地提高劳动产出。为了回报辛勤的工人,必须做出一些特别的安排,以便他有一个明确的目标,知道当他达到这个目标时,他就有资格得到相应的荣誉。尽管"巴嘎"与"劳动英雄"的称号都是为了满足同样的需求而设计的,但因他们的社会背景不同,实现的手段也完全不同。在公有制社会里,物质上的追求可以漫无限制,因为个人所收获的一切最终都属于公有,他得到的越多,对于社会越有益处。在这种情况下,为防止能干的人在满足他自己的需求后,不再努力工作,需要有一个激励。像在夷方坝这样的社会里,处于较高的社会地位的,或是对别人生产的剩余产品有特殊兴趣的人很少,无限制的财富积累只能加大他们与劳动者之间的差距,并引发阶级冲突。因而此处的问题是,鼓励个人辛勤劳动并没有带来由少数特权阶层所控制的全社会财富的增加。这种困境在夷方坝通过做摆得到了解决,它一方面鼓励大部分平民辛勤劳动以满足自己的合理需求,另一方面防止贵族无限制地积聚他人的剩余产品。

在那木寨大摆期间,我曾拜访了七家中的一家——两位寡妇合办的那家,去向女主人表示祝贺。我的房东就是在这时向我解释了芒市对摆的价值的评定标准。寡妇们陈列的供品与其他六家的相比,根本没有吸引力,质量不高,数量又不多。当我跟陪我的房东说,这家的供品不值得参观时,他马上表示不同意。他的理由是,不能仅靠估算主人花费的多少来判断摆的价值,必须考虑到寡妇的那点钱占她们总财产的比例。他说,做大摆对这两个寡妇来说是很困难的事。在他看来,不论她们的供品多么差,在佛祖心目中都被认为是最有价值的。他指出竹棚里的两个小物品——一小束头发和用动物尾巴制成的马鞭,与我在其他各家竹棚里看到的基本上一样,说这些是佛祖得到的最宝贵的供品。那小束头发是一个女人提供的。从前佛祖经过某个村寨,居民会带着珍贵的礼物欢迎他。一个穷苦女人,拿不出任何礼物,于是剪下自己的头发做供品。与其他人相比,她的供品是简陋的,但佛祖感觉到了她的真诚,因而她得到了比其他寨民更多的回报。我的房东告诉我,马鞭是一个猎人的供品,他在山中突遇佛祖,没有什么值得赠送的东西,就献出了自己的马鞭,佛祖也给了他很大的回报,因为猎人献出了自己的所有。

　　既然摆的价值不能绝对以其花费来评估,而是相对地根据其所有来衡量,因此,在摆夷看来,慷慨胜过陈列。他们当然喜欢钱,甚至羡慕财富,但这并不意味着攒钱是他们的最高目标。他们看重钱只是因为它所带给自己的。公众的看法不仅同情那些无力做摆的穷人,而且鄙视那些不做摆或很少做摆的富人。对极富有的人来说,做摆中如何花钱成了一个大问题。做摆对于富人和穷人来说,都是得到天上宝座的途径,不过,既然穷人总是尽最大努力做好,富人若要显示出他们的真诚,必须以真正慷慨的方式花钱。富人不能只献给冢房寻常的礼物,他必须为冢房建个新门厅或建个新佛塔,或是做个贴金的佛塔或佛像等。那木的大佛爷曾告诉过我他的窘境。他做过两次大摆,第一次是十年前,当时他花了200个银元在冢房花园建了一座漂亮的小亭;四年前他做了第二次大摆,他的供品——一个与实物大小一样的大理石佛像,成为冢房殿中的主要供品。他告诉我,他为此花掉了290卢比,不包括运费,因为23个抬佛的自愿出力。他已为做第三次摆准备了好长时间,但不知何时能做。普通寨民如果辛勤劳动的话,两三年就能做次大摆,因为普通的供品就足够显示他的真诚,但像自己这样的大佛爷不能供奉与普通人一样的供品。下次他打算雕四扇雕花大门作为自己的供品。早在三年前,他就从龙陵买来了材料,可为难的是他自己只能做一部分工作,关键部分必须依靠来自龙陵的内地工匠。而雕刻只能在旱季进行,所以在做第三次摆之前好几年就要开始。

　　在我房东看来,那木寨做大摆的七家中,最高荣誉应该属于线(老头)或者金家和囊家(两位寡妇)。前者从一文不名的雇工开始做起,已做了三次大摆;而后者完全是靠自己的辛勤劳动赚钱。至于龚(老辛)和线(二),无论他们花多少,都不值得一提,因为他们毕竟是富人。这种价值观无疑给只能花很少钱做摆的人以极大的安慰,同时也抑制了富人的傲慢 。看来,摆夷并不认可人们通过"经济过剩"来确立较高的社会地位的做法。

因此,做摆除了为摆夷提供一个重要的激励外,还对芒市的经济活动产生了重要影响。它加快了剩余财富的消耗,平衡了富人与穷人的地位,甚至是在他们生前。最重要的是,它避免了由传统的社会差别可能引起的灾难性后果。摆的存在为稳固的社会系统提供了一个安全阀,使人们对经济利益的追求有了指导和监督,因为摆不仅鼓励社区的个人尽可能地去提高他们的生活水平,也使那些经济地位远在一般社会水平之上的人变得无害。不管一个人得到了多少,摆最终会使他失去全部。

在芒市的摆中,自始至终都可以发现经济活动的这种微妙平衡。

第七章　社龄结构

对摆夷经济活动的讨论已说明他们有很多机会恣意进行"铺张浪费",其结果在某些方面比摆夷社会其他的消耗方式更好。在这里,摆的存在,在某种程度上阻碍了其生活水平的大幅提高,但同时摆似乎也提供了工作的动力和缩小贫富差距的手段。这样就避免了通常伴随着严格划分的世袭阶级所产生的灾难性的经济后果。因此,指责摆夷乍一看不过是铺张浪费的消耗似乎是不公平的。

为了发现摆的功能,尤其是有关摆夷社会结构的功能,本章我将论述摆的社会性。

在摆夷统称为摆的六种活动中,每一种都明显有自己的功能。正如在前几章中所指出的,金黄单摆提供了一个演示整个织布过程的机会;干躲摆、挺塘摆和冷细摆强调根据季节变化安排日常工作。所有这些特殊功能,在描写各种摆时已经强调过,所以在此不必再详加讨论了。在下文中,我将讨论各种摆所共有的显著特点,即在摆中不同的工作如何被分配给不同的社龄人群。为什么年轻人在摆中服役,而老年人指导仪式呢?

一

在回答"你们为什么要做摆"时,摆夷永远会说:只有做了摆才能得到天上的一个位置,可以确保离开尘世后,有一个极乐和尊荣的去处。对摆夷来说,"巴嘎"的名号是对将来的真正担保。关于他们的信仰,这里可以简单说明一下。他们相信人死后还有另一个世界,在那个世界里有给忠诚者的不同等级的宝座,这些宝座可以通过献供获得。就如同预定戏院里的座位一般,尽管必须预先付费买票,但花费也是值得的。

否认人在尘世之外有来世的存在不是我所关注的,但从现世的角度来看,做摆主人消耗了大批财富所到手的不过是一个"巴嘎"的名号。那么,"巴嘎"的名号有什么意义呢?在回答这个问题之前,我们必须先说明一下摆夷的社会结构。

我所说的社会结构是指一个社区中个人之间社会关系的体系,在这个体系中,每个人的地位称为他的社会身份。我们日常生活中出现的所有像君臣、父子、长幼等的名词,都可以作为弄清个人地位,或与他人关系中应持态度的指标。社会关系一词被用来表示个人相互之间应承担义务的总和,社会结构被认为是所有这些个人社会关系体系的综合。社会结构的调整要依据一定的原则,如君臣关系由政治权力决定,父子身份的确定是依据亲属关系。可以依据来规定社会身份的原则很多,而且一个社会结构中可以允许多种原则的存在,但各个原则被采用的程度却不尽相同。在一个社会中,亲属体系可能被认为是调整社区中个人之间关系的主要原则,而在另外一个社会中,社会结构则可能依据年龄。在摆夷社会中,社会结构便是依据社龄。像上文中提到的小菩毛、小菩色等名词,就代表这种社龄结构,在某种程度上,摆的活动有公开强调个人社龄转变的意义。在论述社龄结构问题之前,我先简单介绍一下摆夷男女一生所经历的四个社龄阶段。

二

一个摆夷女性自出生后即跨入了第一期。这一时期多少相当于所有社会中普通的养育时期,因为这段时期她完全依靠家庭的抚育。女孩们都以通名称呼,部分根据出生顺序有所变化。头生叫"小耶",次生叫"小玉",三、四、五、六分别叫"小安""小爱""小娥""小矮"。从第七开始,插入中文数字来表示出生顺序,譬如,第七、第八个女孩就叫做"小七""小八",以此类推。她们的衣着也是一样的,且与其他年龄段的完全不同:穿长裤,着短袄,不过颜色不限制。头上梳有小辫,偶尔还戴顶圆形的瓜皮小帽。到六岁,每人再在腰间系上一块黑围腰布。成年摆夷常常用"小人"来称呼这第一期的人。

从开始曳裙起,女孩就进入另外一个阶段,成为"小菩色"。这宣告了第一阶段"小人"生活的结束,尽管个人的名称仍如旧。在衣着和活动方面,小菩色经历了引人注目的变化。她们更喜欢穿淡色的衣服,尤其以穿白色的为多。头发不再梳成辫子拖在后面,而是盘在头上。在内衣里面用长长的宽布制成布带从胸部起一直缠到腰部为止,借此来保持体态的苗条。她们从此开始接受社会的训练,为社区做种种的服役。她虽仍是家庭之一员,有时也代替家庭为衙门服役,不过这只是特例。大多数人可以自由支配她们服役所得的报酬。她们可以自由组织团体,也可以自由结交异性。这第二阶段的女孩可以尽情享受,尽管有时会被强加以繁重的工作。由参加青年团体在摆中服役开始,一直到结婚为止,这个时期方告结束。

结婚仪式是她们第三个阶段的起点,表现为着装上有非常明显的区别。已婚女性将头发梳成一个冲天髻,再在发髻的附近用黑色布条密密地围成一顶圆帽的形状。等到孩子出世的时候,她的名字亦根据孩子的性别——亲从子名制而发生变动。若生的是男孩的话,她的名字将改为"咪恩"(在夷语中,咪是母亲,恩是第一个男孩的普遍称号);若是女孩的话,她的名字将改为"咪耶"(耶是头生女孩的普遍称号)。在芒市,婚后的年轻人悉数脱离父母出去另组家庭。为了养家糊口,她们得竭尽全力去工作。她们既不能有小人们那样受父母养育的权利,也不会有小菩色尽情享受的闲情。若以后抚育多个儿女的话,那么她们的活动范围更将完全限制在自己家中。

当丈夫或妻子耗尽多年辛苦劳动的积蓄,忘我地做大摆时,他或她就步入了第四个阶段。能做摆的必须已足以维持生活,至少能维持简单的生活。此时衣食无忧,儿女已经长大成人,多年辛苦的结果现在又允许她们去准备来世的慰藉。一旦做过大摆,她们就得到"巴嘎"的名号了。她们的兴趣现在集中在晚年上了。短袄的颜色变为深色,一块黑色的围肩是她们这时期的标记。此后她们活动的中心不再是家庭,而是冢房,念佛祈祷成为她们的日常功课。

男性摆夷的生命史也分四个阶段,一般的情形和女性差不多。

第一个阶段是由出生开始,与女性一样通称为"小人",但个人的名字却与女性不同,采用中文数字(云南方言)来表示出生顺序。因此第一个男孩称"小恩",第二个称"小二",以此类推。在这个阶段,男性衣着与女性的没什么明显差别,装饰品的类型常常作为区分的标志,但即使这些也没有严格的规定,例外的情形总是可以见到。左耳穿环是第一个阶段的明显标志。在社会活动方面,他们完全在家庭保护中生活,直到七八岁开始帮着家庭做些轻松的工作,如放牛、割草之类,但这种工作多少带有游戏的性质。

在摆中服役标志着第二个阶段的开始,此时他们被称为"小菩毛"。他们左耳上的装饰品已经除去(也有例外),而代之以左手戴一只银手镯。这整个阶段,青年们表现出很强的逐渐脱离家庭影响的趋势。他们除了参加村寨中公共青年团体之外,另外自己还组织许多私人组织,例如以聚餐为目的的"吃饭会",协力克服经济困难的"钱会"等。这个阶段的主要活动是出于在摆中帮忙的义务。不过除此之外,他们有时也被迫代表家庭为衙门做事。时而也合资请个和尚来学习文字,或是效法中年人练习各种公益活动。总之,这一个时期为青年人全面提供社会训练的机会,从而为他们日后的生活打下良好的基础。

结婚是第二、第三阶段的分水岭。长期受家庭保护和社会训练的青年,现在步入了真正的工作阶段。此时,他们不仅成为社会上的壮劳力,而且也是社区中独立的生活单位——自立门户,衙门的户册上有他们的名字。对大多数人来说,这是一个更艰苦时期的开始。他们不能再像小菩毛时期那样耽于对生活的好奇;除了最实际的考虑无暇再顾及其他。这时年轻夫妻面临的是其他问题:如何抚育子女,如何养家糊口。当妻子生下第一个孩子的时候,丈夫也改了名字:若生的是儿子,称作"波恩";若是女儿,则称"波耶"。至于衣着,耳环已全脱去,不过手镯仍戴在手臂上。

男性做摆之后,才踏入第四个阶段,这是一个从社会积极活动中退休的阶段。在饱尝了生活的酸甜苦辣之后,大多数人已经不需再从事劳作了:他可以把这个责任留给他的儿女。来世是他人生的最后一件事,但绝非小事,眼睛始终盯着它,全神贯注于它的成就。戒烟酒,禁荤腥,终日焚香礼佛,逐步为与人世脱离做准备,最终结束他生命的历程。

三

我在人类学中找不到一个能包含这四个人生阶段的全部含义的适当的名词。最相近的是"年龄级",但是严格说来,它用来表示成员完全按实际年龄联系在一起的一个明确组织。我所说的社龄结构与年龄级并不相符。首先,安排摆夷的社龄结构的绝非组织。它表示的是在摆中表现出来的社会生活的顺序。第二,摆夷个人的社龄并非由实际年龄而定。我们可以发现,第一个阶段中有十八岁未曳裙的大姑娘,而第三个阶段中也有十六岁就做"咪耶"的女孩。并且有不少始终逗留在某个阶段里不能上升的摆夷。譬如,小菩毛若找不到同他结婚的小菩色,他就要一生逗留在第二个阶段上。这种人在芒市被称为"饿毛"(女孩称为"饿色"),在社区中有着特殊的社会地位。另外,一生没有机会做大摆的人就永远进不了第四个阶段。对这些人来说,仅仅年龄上的增加,并不能使他们自动进入下一个阶段,因而可以说,摆夷的生命阶段和实际年龄并没有直接关系。当然,这种模式绝非只限于芒市——相似性是人类的普遍特点,只不过在芒市这种模式比较突出。

由于"年龄级"一词不能表示出摆夷社会结构的特性,我只能采用"社龄"这个名词了。社龄的实质是社会生命史的顺序,不同于体质的成长、成熟和衰老。换言之,我们可以把每个阶段看作社会身份的特殊形式,阶段的转换意味着社会权利与义务的同步变化。社龄的意义有点类似于教育心理学中的"智龄"。

摆是强调社龄转换的仪式。从前面的描述中可以看出,"巴嘎"的称号只授予那些做摆的,其他人都无权获得。可是这个称号有何意义?为什么不做摆的永无机会进入第四社龄?在我拜访芒市期间,一些给我留下深刻印象的事实可以很好地说明这个称号的意义。有一次,那木寨的罕老辛邀请我去喝他五儿子的喜酒。他说这是他最后一件喜事,请我务必赏光。并补充说:"新娘子从弄木来,假如你要看新娘的话,最好晚一点来。"我当时想,弄木的老辛我也认识,他的儿媳妇准是囊老辛的女儿。因为在摆夷社会中,村寨头人有着特殊的社会地位,在某种意义上相当于贵族,而贵族一般只与贵族通婚。据我所知,弄木没有贵族,所以我想新娘肯定是老辛家的。可是当我问他"你同弄木囊老辛几时打的亲家"时,他却连忙回答:"不,不,不是老辛,是巴嘎,她是巴嘎峦像的女儿。"并满面笑容地看着我。从这个称号中,我知道他的亲家虽不是老辛,但也非普通人,因为这位亲家已做过三次大摆,而且还建了一座桥。对摆夷来说,这些都是值得引以为豪的。

我在芒市曾遇见过一位由小贩起家,现在已经成为邻县大财主的内地商贩。当他驾着卡车来芒市做买卖的时候,多数摆夷都知道他的大名,并处处热情地欢迎他。邻县来芒市谋生的人并不少,但没人像他这样成功,尽管与他人相比,他并不是一个能干的商贩。甚至在和他多次接触以后,我始终找不出他有哪一项特殊的才能来解释他的成功,直到土司揭开了这个秘密。这个朱姓商贩初来芒市做雇工时,多年的辛苦劳作,也只攒下一点钱。受当地做摆可以在天上得到宝座的信仰影响,他也突发奇想,想做一次摆。不过他攒下的钱远远不够。最后他决定把他所有的钱送到城子官家里面去,求大佛爷给他一个"巴嘎"的名号,而且还求土司帮帮他。这奇怪而又无理的请求,弄得大佛爷和土司是左右为难,但又不好拒绝,结果真的把"巴嘎"的名号给了他。从此,他在夷方坝不再是一个局外人,得到了较其他内地商贩更优惠的待遇。他低价买进谷米,然后高价卖出,因为大家觉得既然"巴嘎"是表示值得信任的善人,也就无需同他讨价还价。摆夷常常怀疑一般的内地汉族商贩,认为"同内地人做生意会变穷,同克钦人交往会招致杀身之祸"。但在他们眼里,朱巴嘎是个特例,也许是唯一的一个。这种情形很好地解释了"巴嘎"的意义,尽管它只不过是一个空头称号,与特权并没有直接联系,但这个内地商贩却因此处处直接受益。事实上,看起来这个空头称号似乎不仅是得到天上宝座的担保,而且也可以在今世兑现。

做摆是摆夷的最高追求。土司曾做了不少在我们看来是富国利民的改革,但对摆夷来说,土司还无法与他母亲相比,她有做过全坝子最奢华的摆的美誉。大家所期望的不是要像金伙头那样富有,一年可以卖出几万箩谷子,更不是要像大总管那样臂力过人,一手可以敌过几个人,而是要像城子的一位老头,为做十二次大摆以至于倾家荡产、无以为生的豪举。只有这样的人才值得尊重和效法。

要不是土司规定一个人做摆次数超过六次即为非法,并劝大家攒点钱留做他用的话,也许比赛会比现在厉害得多。弄砍的线老头(其纪录是十次)和那木的老干(其纪录是九次)已为破纪录准备了好久,但被土司制止了。他们这种想破纪录的做法,已不能再以获得天上宝座的信仰来解释,因为做了六次摆以后已没有新的尊号可加。我曾问过那木的老干,是什么使他在做过九次摆之后还如此渴望继续做摆,他回答说:"若你相信做摆是好事,那当然是越多越好。"显然与做摆联系在一起的好名声和较高的社会地位,才是真正的诱因。

四

在摆中,帮忙的人与做摆的主人一样重要。上文的描述中已经提过,小菩色、小菩毛在摆中服役的责任,是受习惯强制的。而且,本章我将说明在摆中服役不仅是一种义务,同时也是年轻人的一种权利。通过服役,他们获得了一种新的社会身份,进入社龄的第二个阶段,从而由男孩或女孩一变而为男人或女人。在夷方坝,做摆时穿裙是女孩父母允许其踏入社会的标记。这可不是实际年龄的问题,因为有不少早已长大成人却还穿裤的;穿裙的女孩中可能也有生理上尚未成年的。摆夷自己的解释也各不相同:有的说通例一家人只许一个未嫁的女儿穿裙;假如姐姐未嫁,妹妹不论年纪多大,只能穿裤子;有的说参加做摆服役的每个小菩色、小菩毛都得替青年团体出一笔钱,因而,穿裙的未婚女孩越少,家里为女儿负担的费用越少。在具体讨论这个问题之前,我们先叙述一下关于青年团体的情形。

青年团体是在村寨头人指导下的义务组织,它分成几个单位,每个单位由村寨头人任命的两个队长统辖(男的是小菩毛,女的是小菩色)。那木寨有十五个这样的单位。通常饿毛和饿色(年长的单身汉和老姑娘)在担任队长方面有优先权。每个单位的人数是不确定的,主要看这个单位的吸引力有多大。每个团体都想招收能干的男青年和漂亮的女孩,其次是那些家庭比较富裕的,因为前者可以使团体更有吸引力,后者可以捐助更多的费用。招募新团员主要由队长筹划,但老团员也有权介绍或拒收新成员。有时,那些找不到团体加入的、不合意的年轻人会由村寨头人强制加入某个团体。

每年做大摆前,寨里人人都想知道谁加入哪个团体,哪些女孩将穿裙在摆中帮忙,因为这意味着她们可以结婚了(男孩的情况也一样)。尽管习惯上并没有规定男女青年只与自己青年团体中的人恋爱,但其他团体无法提供更好的机会。年轻人会充分利用本寨甚至整个芒市坝每一次做摆的机会。好处自然与服役成正比,工作越努力,得到的乐趣也越多。青年团体中的团员绝不允许非团体中的人进入本团体来与他们竞争属于团体的有限特权,因此,年轻人若失去了参加团体、分担义务的机会,也就失去了生活的乐趣。年轻人之间的摩擦、青年团体的分裂,甚至村寨之间的纠纷,常常是出于这方面的争执。

既然在摆中帮忙被认为是可婚的标志,那么摆就可以被认为是为年轻人提供获得小菩毛或小菩色身份的机会,从而得到结婚权利的组织。换言之,摆不但是强调从第三到第四社龄的转换仪式,也是由第一到第二社龄的转换仪式。

一个人结了婚,就从第二社龄阶段进入第三社龄阶段,不可否认,婚礼是这个转换的明显标志,但从另外一个角度看,即从消极方面看,尽管婚后年轻人自动离开青年团体,不再在摆中帮忙,但摆对他们仍有着重要意义。结了婚的人在摆中没有不可或缺的地位,被看做宾客,不许与帮忙的年轻人混在一起。唯一的例外是在冷细摆,不过正如我在第三章所指出的,他们此时的参加在性质和目的上也与未婚青年不同。它被看做是向佛祖的告别,此后,若没什么意外,他们将离开青年团体,专心打理家务,这种身份一直维持到他们自己做大摆为止。

若是离婚或是丧偶,他或她就可以重新加入青年团体,恢复所有未婚青年在做摆期间的义务与权利,尽管其着装依旧未变。有时青年团体也会允许已婚男女来参加活动,不过必须额外支付一笔费用。这种情况常常意味着这个已婚的人爱上了团体中的一个团员,已濒临离婚。土司曾告诉我,一个年轻的妻子同她的丈夫——土司衙门的司机离了婚,原因是他私下加入了本寨的一个青年团体。在她看来,他的行为不符合他已婚男人的社会身份。这足以证明社龄的转换主要由摆决定,承认个人的社龄并维持社区的社会的结构,也是摆的功能。

五

摆既然是决定社会结构的机制,社龄的概念需借助摆来解释,那么现在需分析一下摆夷社会结构的具体情况。摆夷社会结构所根据的原则,和其他社会一样是多种而非单一的:亲属、性别、地域、阶级等,都被用来作为组合各种团体、调整相互关系的原则。然而,在所有原则中,社龄却占有特别重要的地位,其影响远超其他。为了证实这一点,我将逐一比较一下各种原则的重要性。

称谓体系是能清楚表明社龄在各种个人关系中的重要作用的一大特色。如前所述,摆夷人基本上是以与个人社龄相关的通称来区分的。"恩"和"耶"是根据孩子出生顺序对头生是男孩和女孩的通称。"波恩"或"波耶"是表示已婚且生有男孩或女孩;"巴嘎"名号是对做摆者的区分。为了更准确地区分个人,也加上描述性的词语,如别称,用某个地点和官衔。譬如"二李"表示身材特别矮小、排行老二的人。"巴嘎体冡"指居住在某个教区的巴嘎,"波耶文书"表示在衙门做文员的已婚男人。尽管有这些描述性的附加词,但摆夷的称谓体系仍基本上是以个人的社龄结构为基础的。

在内地社会中，亲属体系是准确描述个人的最重要原则，名字也常常与姓氏联系在一起。我不想否认摆夷亲属体系或家族的重要性，在此我想指出的是，摆夷的姓氏是只有在与内地人打交道时才使用的，而且常常是借用或效法内地人的。与我关系很好的青年人甚至不知道自己姓氏的意思，他这次告诉我他的姓氏是如此这般，但后来可能又会给出一个完全不同的解释。追溯他们姓氏的来源，可以使我们进一步了解他们真实的社会结构。贵族的姓氏是由过去中国皇帝颁赐的，平民的姓氏除借用内地人外，还与大摆的赠名体系密切相关。我在那木寨的调查显示，登记在册的姓氏在全寨 232 户中有 81 户，其中只有 6 个不同的姓氏：阮、金、线、罕、肖和赵。追溯这 6 个姓氏的来源，可以看出阮是与大摆的第一级 Ramn 中的软恩相同；金是第二级 Rankong 的中文形式；线是出自第三级中的 Hsien；其余罕、肖、赵三姓则效仿内地人。我没有材料来证明究竟是这些姓氏出自大摆，还是大摆的赠名是取自姓氏。摆夷学者方瑞之先生告诉我，摆夷使用姓氏是在四十年前才出现的，最初的名字是借用大摆的名号。即使在有姓氏的家庭中，仍旧主要用一家之主的名号介绍其他人。人们会用巴嘎的名号作为一个显著标志来称呼巴嘎的后代，而不是用姓氏。因此，在我看来，巴嘎的名号不仅是赠予那些做过摆的，而且也适用于对整个家庭的描述说明。

在摆夷社会中，大家族不像内地那样盛行。多数人根本不记得他们的父母葬在什么地方。我的房东能在记忆中追念的仅到祖父一代。同姓或同辈通婚并不禁止，甚至贵族也如此。我在上文曾提到他们在随礼或在摆中服役时，主要是根据个人的社龄。一家各分子都有与家庭联系无关的、自己特定的义务。个人最亲密的联系是与相同社龄者的联系。

从社龄对于亲属体系的重要性的这个分析中,可以看出似乎整个亲属体系,除了家庭范围内的功能外,基本都与社龄原则有关。现在需对其做进一步的调查,并研究阶级体系与社龄原则之间的关系。在摆夷社会中,不可否认阶级体系所起的重要作用。人们被分成这样两个阶级:一是贵族和封主,一是平民和佃农。两个阶级之间的差别是非常明显的,不仅体现在政治和经济生活中,而且体现在衣着和用语方面。但如果把阶级看作是导致摆夷被划分为不同团体的社会结构原则,那么就需把社龄看作是联合两个阶级、消除差别和不均的整合力。社龄原则对有效消除种种附于摆夷社会,乍一看根本无法消除的差别起着重要作用。因为两个阶级的社会身份都是以社龄来决定的,不论贵族或是平民一生都得经过社龄的这些相同阶段。贵族与平民一样,做摆才能升作巴嘎;在摆中服役不仅是平民青年,也是贵族青年的义务。证据表明,在摆中土司也与平民一样:也要给做摆的送礼,而且有时亲自去道贺。

除了政治权利,精神权威也是摆夷社会关系的一个决定性因素。冢房佛爷在当地有重大影响。任何一个有冢房的地方,都建立一个专门的教会组织。人人都必须向佛爷叩拜,甚至包括土司;但无人能有幸得到他的回拜。做摆以冢房为中心,佛爷具有至高无上的权威。供品是送给冢房的,名号是由佛爷授予的。似乎佛爷拥有独一无二的地位,他可以不要承担社龄体系中的任何义务。但实际上,佛爷也必须与平民一样,通过做摆来证实他的社会身份。即使是大佛爷,也必须按照规定的仪式来获得天上的宝座。因此,大佛爷必须做大摆,并请邻寨的大佛爷来给他赠名。印象中那木寨的大佛爷已做过两次大摆,并在准备做第三次。和尚们尽管独立于平民之外,但也必须在摆中服役。

因摆夷女性在婚前和婚后都有自己的收入,并可以随意支配,因此在经济上拥有与男性平等的地位。不过经济身份并不等同于社会身份。实际上,正如摆夷女性在日常生活中所反映出来的,其社会地位是处于附属地位。譬如,当经过一个男人面前时,无论他是谁(除了年少的与社龄低的),她都必须有礼貌地双手合拢在胸前,低头鞠躬,来表示自己地位的低微。在家里,每个摆夷男性都有一个自己的专座,其妻子、子女是不能坐的。甚至早晨打扫房间、收拾桌椅时,他们也必须表示同样的尊敬,就好像丈夫或是父亲坐在那儿一样,使身体谦恭地保持鞠躬姿势,直到把这个神圣的地方打扫干净。这种表现女性卑微的事不会出现在摆中。换言之,做摆时女性在权利和义务方面都是与男性相同的。如果她或她丈夫做摆,她在任何社交场合都会得到与男人一样的尊敬。如果她仍是一个穿裙的小菩色,她就必须服役。而且在金黄单摆中,女性还得到一个特别的机会来展示她们的工作,表明她家务劳动的产品如织锦等,被体面地献给了佛祖,她们的工作与男性的一样有价值。

从这些论述中可以得出确切的结论,即所有的社会结构原则的运用(譬如阶级和性别)都是片面的,只涉及摆夷生活的某些方面,只有社龄结构贯穿于整个结构。但这并非说社龄结构是使穷人变富、平民变为贵族、女性获得与男性平等的社会地位等的桥梁。但基本上可以说,社龄结构应该看做是围绕社会结构各方面运行的社会价值的中心,通过它的综合作用,人们之间不同甚至是敌对的利益得到协调,维护了社会的团结。

六

把一个人的人生分成四个社龄,每个社龄有它特具的权利和义务,这种划分法并不新鲜。其实这种结构是一切社会所共有的生命过程和社会分工,只是摆夷特别把这个过程用他们称为摆的仪式公开表现出来罢了。如果我们将其翻译成我们自己的术语,那么这四个时期其实就是:

1. 受家庭抚育的时期。
2. 接受社会训练的时期。
3. 自组家庭,养儿育女,正式成为社会独立分子的时期。
4. 退休时期。

这样,我们就可以在社会学意义上,将人类的生命过程描述为进入社会和退出社会的过程。

摆夷社会的这种社龄结构的安排具有重要的教育价值。人生养育的时期是人类生物基础所决定的。可是仅是机体的成熟并不能使个人在社会中独立谋生,所以接着必须安排一个准备时期,给青年人接受社会培训的机会。这样的安排在人类社会中是普遍存在的。摆夷社会并没有像我们内地那样,为此建立正式的制度,不过在摆中有一套非正式的制度。摆可以看成是一个教育过程,它不仅关心科学知识的传授,而且关心一套基本价值的规范,如服役、礼佛、敬老、团结、互助、服从的教育。摆充当了灌输所有这些价值观的学校,对这种方式的研究是非常重要的。

因在摆中服役的结果是将年轻人联系在一起工作,且其工作完全是建立在相互的义务之上,因而青年人若想交友的话,就必须尽力在摆中服役,因为这是他与别人建立密切关系的唯一方式。

在摆夷社会,一个可以号召许多朋友来帮忙的青年可以得到社会的敬重,且这种好名声也会为全家增光。我在那木寨时,曾有个女人(我房东的妹妹)告诉我,最近一个由近五十小菩毛组成的工作队在两天之内就把她的竹楼建好了。她说:"这是小三(她三儿子的通称)的功劳,他是个勤快人。"另外一次是在老罕家五儿子结婚前,要来帮他儿子准备婚礼的三十八个小菩毛(他替我数过)在院心里喝酒。老罕说:"年轻人就应该这样。"在摆夷社会中,讲某人"他是那种不得不自己给父母抬棺的人"是对其最强烈的谴责。对摆夷来说,葬礼上最大的荣耀是有许多人来抬棺,对于活着的成年人来说,必须自己抬棺,使全家蒙羞,是最丢脸的事。这表示这家的年轻人是出了名的自私,找不到一个青年团体来帮他。

上述例子说明了摆夷社会价值观的性质,并解释了青年人渴望在摆中服役的原因,在于摆本身是予以道德训练和传达价值标准的中介。

最重要的是,作为在服役中训练的结果,青年人从摆中所得到的,成为他们生活目标的最高理想:他们通过在摆中所看到的,开始理解在今后的生活中应该如何行事。这种指示青年人未来的方式一点也不空虚,一点也不模糊,他们从这实践中学到了很多。而且从亲身参与中,能深切体会到做摆是怎么一回事,体验到做摆能得到什么样的光荣。一次次的训练,时间的累积将在青年男女的脑海里留下深刻的印象。用心理学的术语来说,可以说这是一个建立在影像累积基础上的概念。它提供了为所有摆夷年轻人所效仿的理想生活模式。

因此强迫青年男女在摆中服役对年轻人来说,具有深刻的教育意义。只有经过这长期的训练,才能进入第三个社龄阶段。在某种意义上,这第三社龄不过是即将到来的第四社龄的一个准备时期。在进入第四社龄之前,他们都很清楚他们要面临的是什么,都明白若想进入这令人垂涎的第四社龄,必须努力工作。实际上,使个人实现第四社龄转换的大摆,可以看作是对遵循第二社龄阶段教导的回报,而把无法做摆看作是对懒惰者的惩罚。"巴嘎"的称号只授予那些遵循教导获此殊荣的人。若是有人想得到这个称号,那么他就必须努力工作,因为只有他的行为才能使他获得"巴嘎"称号。正如我们所见,不仅大摆能为巴嘎提供一个展示他成就的机会,其他摆也一样。每一种摆都为巴嘎提供一个展示自己功德的机会,并鼓励年轻人步其后尘。巴嘎在游行中引以为豪的是,自己在仪式中的重要作用,不仅仅是标志着他临近的有保证的来世转换,而且他们也是年轻一代的模范。老人本身效仿自己过去所见,现在轮到他们教育后来人了。

社龄的这四个阶段还有一个方面需要考虑。这四个社龄可以分成两组:一组是在做摆中起着不可或缺作用的,另一组是处于无足轻重地位的。第二、第四社龄属于前一组;第一、第三社龄属于后一组。注意这种交错搭配的方式是十分重要的。我们已经指出,第三社龄是那些负责社区生活的人,同时负责新一代的养育。这些工作是十足的俗务。第一级是第三级的附属品,偏于生物性的抚育,也是世俗之务。第二级所需的训练、社会意识和道德态度的谆谆教诲,都是社会中必不可少的。第三级的人不能担负这项责任,所以第二级成了第四级的附属品。第四级的人物实际已脱离了世俗的追求,处于超凡的境地,他们正是能担当此任的唯一人选。

表 10　摆与社龄结构的关系

社　龄	通　名		衣着、装饰		活动主要特征
	男　性	女　性	男　性	女　性	
第一阶段	小人		耳环	长裤头发风格：小辫	接受家庭抚育
	小恩小二	小耶小玉			
第二阶段	在摆中服役				
	小菩毛	小菩色	银手镯	裙子，头发盘在头上	接受社会培训
第三阶段	退出做摆服役				
	波耶波恩	咪耶咪恩	摘掉耳环	头发风格：冲天髻	组织家庭，成为社区中独立的生活单位
第四阶段	做大摆				
	巴嘎		深色短袄，黑色披肩		从社会上退休

世俗和超凡，个人和社会，家庭和冢房，若可以分成完全不同的两类活动的话，则可以说社龄这种交错搭配的方式是意义重大的。摆夷个人生活的平衡、芒市坝的社会团结，在这个社龄的结构中，一代一代地维持下去。

第八章　个人的调节机制

天上的宝座在我们看来虽则似乎是荒诞不经之说，可是在摆夷自己却相信这是千真万确的人生归宿。不但是做摆的主人觉得他们在冢房门前的旗杆和自己的名号，可以使自己不愁死后的日子，而且摆夷人人也都相信这点，并羡慕他们的好运。对方法当然与神学家不同的人类学家来说，信念之所以重要仅仅因为它为活动提供的认可或解释作用。前几章我们已分析了摆夷那些活动的含义，那些活动都是起源于天上的宝座是可以预定的信念的。它证明了摆在经济方面对摆夷工作的激励作用，在社会方面是社会结构借以调节的一个机制。不过这个仪式即他们的信仰对于摆夷个人的意义还需要进行研究。

一

根据前几章的分析，摆明显为摆夷的生活做出了最重要的定位。使他们辛勤劳作、节衣缩食的是摆。现实的生活似乎仅仅是达到来世的手段，思想和行为都是围绕着将来极乐世界塑造的。我也已经说过，在摆夷中人人都希望做摆，不是只做一次，而是要连续做几次。因为大家都有一个相同的希望，并以同一种方式完成这个希望，因而摆为摆夷提供了一个共同、统一的兴趣焦点。

摆似乎也满足了一般摆夷的个别心理需求。心理学家们都知道,一个人内心的安宁主要取决于对不必要刺激的减少。但内心安宁绝非头脑空空。人除非全神贯注于一个特别的目标,否则很难将不必要刺激的侵扰降到最低。这就是数数成为催眠的有效手段的原因,催眠者施术的原则也同样基于对刺激的注意。并且,若一个人仅注意一种特殊目标,仅发生一种反应,时间既久,这种特定的反应将变成一种既定的心向,最终会影响后续反应的发生。

摆对于摆夷心理的影响便是如此。摆夷一生只注意做摆,越对于摆注意,外界种种不相关的引诱也越可以避免,结果也就可以对摆的注意更专一。这是一个两者交互作用的过程,最终使摆成为他们生活的中心。给外人印象最深的是摆夷社会中安静平和的气氛。为什么他们的生活这样陶醉迷人,甚而为什么"摆夷面貌这样肃穆雍容"?[1] 村寨里几乎找不到吵骂声,打架斗殴的事更是极少发生[2]。摆夷的这种被外人视为人格的特色,被证明是与摆有关。正如前面指出的,摆是一个社会与个人交互作用的过程,它可以影响品德教育和价值观。有人可能会反对,说把人类生活塑造成一种特殊模式的过程,必定会妨碍个性的发展,限制其活动,不过对此没必要去反驳。摆夷的这套习以为常的生活模式所形成的规律性、一致性、稳定性和从众性本身具有很高的价值。

只要有摆的存在,摆夷就会继续摆脱多种选择的困境,永不会为相关价值的争论所惑。

为了要表示摆夷生活平静祥和,最好是与多数西方工业社会

---

[1] 李景汉:《摆夷人民之生活程度与社会组织》,《西南边疆》第 11 期,第 8 页。(应为第 9 页——译者)

[2] L. Milne, *Shans at Home* (London: John Murray, 1910), p.117.

的情形来做个比较。在那些社会里,个人的生活方式是五花八门,每一种生活方式显然都是源自一套特殊价值。个人一生中会面临着多种不同甚至相冲突的价值的选择:譬如,究竟是应该将赚钱看做追求的目标,还是应该将荣誉作为更高目标?究竟是应该追求个人幸福,还是应该使个人的自由、幸福让位于社会的集体安全?在诸多的选择中摇摆不定,结果使他完全困惑了。可能开始向着一个目标追求,突然又转到别的方向;或是有人选这个,有人选那个。个人可以做出自己的选择,但没人能确切地预测其结果。有时,追求同样的价值可以通过不同的路径,其中大多是靠自己不断摸索,因而得到的结果也就不同。在人们为按自己的价值观而设定的目标奋争时,多数人很快就失败了,成功的人物似乎都是奇迹,他们的优点和好运,被认为是别人学习的榜样。一个把成功确立个人生活目标看做是丰功伟绩的社会是不可能很完整的。原因不难理解:若一个人不能自己下决心,那么他的一生就会无所事事;然而,如果他想达到一个目标,由于缺乏社会指导,他只有通过加倍的努力才能达到。因此毫无疑问,在医学诊断上,多重选择与困惑的问题应视为造成神经官能症的主因[①]。

二

有了摆作目标和路径,摆夷在他们的生命历程中满怀希望和自信地行进着。无论何时受挫,摆都会给他们鼓励和力量;出了差错,摆会加以纠正。他们愉快地一路前行,直到达到一生的最高目

---

① P. T. Yong, *Emotion in Man and Animal* (New York: John Wiley & Son, 1943), pp. 339–347.

标。在那木寨七家做大摆时,我曾多次与男女主人翁以及帮忙的年轻人交谈过,问过他们此类问题:为什么要做摆?他们如何看待做摆?诸如此类。下文的回答与表述会清楚地说明摆对于个人生活的意义。

我房东非常仰慕的线老头,在和我一起吃饭时告诉我,把钱花在做摆上是值得的。年轻时,他曾辛苦劳作,但不知如何好好利用辛苦赚来的钱。他说,最荒唐的是,他不仅把钱花在赌博上,"而且",他停了一会儿,接着说:"你知道,我曾两次与人通奸。"①这就是直到七八年前,他改过自新之前大部分钱的去处。"做摆是好事",他强调说。他已决定明年第四次做摆,到时候他将在佛殿大柱上雕一对木龙作为功德,因为至今还没人想到这样做。据我所知,寨民们都非常欣赏他的慷慨,因为他确实是尽了最大努力做摆,尽管他仍住在一个竹棚里,有一个十五口人的大家庭要养活。在做大摆时,我注意到,与其他各家相比,这家人的衣服都比较破旧,尤其是在游行时,他的几个儿媳和女儿只穿着蓝色的短袄——穷人的工作服。可是,这老头却十分富有,可以两年做一次摆。

其中的一个女主人翁——金寡妇在收到我的贺礼后,由我房东的一个亲戚陪着来走访我,因为她听说我作为省银行的代表,要贷款给寨民。她是一个漂亮的中年女子,与住在邻寨的丈夫离了婚。她请求我借给她 1 000 元国币在寨里做花生生意。我先问她为什么,既然她能拿出那么多钱做摆,就不应该向我借钱,她回答

---

① 当时他以为我知道这事,不过详细情况还是房东告诉我的。第一次他与寨里一个女人有暧昧关系,并因此被罚 200 银元。第二次,仅仅过了两年,在他担任寨里工作队的队长为土司的兄弟建房子后,他又与城子里的一个女人发生非法关系,这次被罚 250 卢比。

说,她借钱是想再次做摆。当我问她为什么想做摆等问题时,她生气了,缄口不答。还是我房东帮我摆脱了窘境,说:"你应该知道摆夷'男无女,三年必为丐,女无男,三年可做摆'的谚语,应该理解她想成为大巴嘎。"在对我的答复满意了之后,她离开了我的住所,房东向我讲述了她的生活详情。她曾是个非常漂亮的女孩,可是不幸嫁给了一个"gua",一个饭桶。她的丈夫太"没用",只好在离婚时"削一段"①。与丈夫离婚后,她回到自己的村寨,被迫辛苦劳作着。她不仅还回彩礼,而且赚了足够的钱做摆。我房东说:"她必须让那个'gua'人知道她这些年来所取得的成就。"

做大摆期间,我房东妹妹的儿子——小二非常沮丧。他的父亲是个上门女婿,始终与我房东一家生活在一起(在摆夷社会,招上门女婿是十分耻辱的事——因为除非家里极其缺劳力,否则都不希望招上门女婿。多数情况下,岳父还必须付给亲家 10 两银子作为补偿)。他父亲死后,小二与母亲搬到寨子另一头居住,但仍依靠我房东家给的一块地维持生活。按照摆夷习俗,我的房东可以在他妹妹死后收回那块地,如果他这样做的话,小二就必须自己谋生。他大约二十多岁,正在追我房东的二女儿。不幸的是,他只是单恋,在各种原因中,部分是因为我房东及其妻子(尤其是后者)不喜欢这个外甥,部分是因为这个女孩长得很漂亮,不仅寨子里有许多的追求者,甚至吸引了远及城子里的土司兄弟。因而穷困的小二无论在女孩还是在她家人眼里都没有地位。他很害怕我房

---

① 按照习俗,解除婚约时,丈夫削一小段木头给妻子作为一种凭证。削一段表示他想要回彩礼;削两段表示他不想要回彩礼,除非她再婚(那样的话,她第二任丈夫必须退还第一任的彩礼);削三段表示不管她是否再婚,都不要求退还彩礼。多数摆夷是削两段,有的削三段,但很少有削一段的。

东,在我住在那儿之前一直不敢向她求爱。我住在寨里时,每晚都会邀请我认识的所有年轻人到我房东家的大厅里聊天。小二每晚都会来,假装同我聊天,但据我观察,他从未得到那女孩的青睐。做大摆时,我原以为这对他是极好的机会,可是恰巧有个叫方克印的贵族青年来寨里参加大摆,住在我房东家里。在做摆这三天里,这个贵族青年几乎是一直跟着我房东的女儿,而她似乎也回应了对他的好感。小二真的是失望极了。这可怜的年轻人看起来愁眉苦脸,极少讲话。大摆之后的早上,我到冢房去看看做完摆后会有什么变化,在村口碰见了小二。他带着自己的大镰刀在匆匆地赶路。我知道他前几天的遭遇,同他打招呼,想说点什么安慰安慰他。我问他对摆的看法,他冷冷地回答了两个字"好事",但当我问他是否想做一次时,他笑了起来,说:"当然。我告诉你,我昨晚梦见自己做了大摆。"我以为他是在开玩笑,就讲我不相信,但他马上回答说:"真的是一次大摆。"他的话深深触动了我,我邀请他干完活后去找我。那晚有十一个小菩毛(包括小二)来找我聊天。我告诉他们,昨晚小二梦见自己做摆了,他们都笑了起来。当我问其他人是否梦见做摆了,其中一个小菩毛承认自己梦见了。进一步询问之后,又有三个承认自己也梦见了。有趣的是小二似乎对此并不感兴趣,而以前他是特别感兴趣的;他似乎正在睡梦中——在一个轻松、充满无限遐思的世界中。

  这些例子说明,也可以把摆看做是一个合理化的机制,在个人困惑时可以借此调整自己的感情生活。不过,这是一个真实的社会制度,在结果与效果方面都不同于纯粹的精神机制。通过这种机制,个人不仅可以避开困难,而且可以看到解决的结果。若个人遭受内疚之苦,他会明白自己现在可以摆脱它了,最重要的是自己的行为是被公众认可的。若从身体缺陷看,他深受自卑感之苦,他不必假装优越,摆会给他满意的补偿。在摆夷社会,个人不必将情感障碍压抑在潜意识里,他可以通过社会安排,从社会现实中发现补偿的方式,来升华其感情。

我不知线老头是否已完全摆脱了他通奸的内疚感,但显然他已通过做摆恢复了自己的名声。至少他使寨民忘记了他的不当行为,否则他不可能维持自己在寨里的声望,因为通奸被看做是有悖于社会的,不论在道义上,还是在法律上。在金寡妇的例子中,我不知她的真情实感。但显然通过做摆,她向别人证明了她所能做到的,也得到了大家的同情。若个人的行为对社会有明显影响,那么反过来社会反应也会对个人产生重要影响,不管他最初的行为是为了个人的私利还是为了社会的幸福。人类思想绝非独立的单位,它会在与同伴的相互作用过程中受到影响而有所变化。现在预测小二的将来为时尚早,不过可以确定的是他有个梦想。当然,梦想是一种精神幻觉,它有时可以使个人暂时忘却现实世界,把他们带到一个更能发挥自由想象力的世界,但小二的梦想是来自现实世界的——是他完全力所能及的。

三

此外,摆夷社会还可以利用摆来缓和由社会差异引起的冲突。对社会本质的分析,重点在于它的差异。社会成员彼此之间在角色上的不同越多,那么这个社会的发展就越复杂;尽管被看做一个整体的社会的特征是不同个人和团体的综合,然而这综合不仅仅只是一个共同体,而且是按特色或文化模式组合起来的。所有社会都要求个人和团体在共同任务中担当具体的角色,而且要求不同的个人和团体联合起来,这样似乎就可以保持一种平衡状态。除非有发挥社会整合功能的社会安排存在,否则社会差异的结果便是弱化甚至是破坏社会稳定,使个人、团体间产生分歧,最终给整个社会带来灾难性的后果。

社会差异是社会中最显著的现象。显然个人之间在性别、年龄、体力、才智、出生地以及其他被作为分类标准的类似现象等方面都各不相同。此外,个人得到的发展能力的机会永不平等。因此这是一个不可避免的悲剧,个人相互之间永远不可能平等,不可能享有同样的权利、做同样的工作。甚至可以说,社会差异是整个人类社会历史中社会冲突的主要原因。要解决这个问题并非易事。因为不仅自然差别是人类不可控的,而且人为的差别也不可能消灭,除非社会简单到不需要社会分工。个人对社会差别的不满是我们精神生活中的"不治之症"。弗洛伊德描述了个人精神生活中的痛苦过程及其症状,但过分强调了纯粹生理性的困难,而忽视了社会因素。实际上,精神生活的烦恼只是个人对社会差异不满的一种表达方式。精神分析理论的本质在于精神生活的失意现象。但使个人失意的原因是什么,自卑感是如何出现的,出现这攻击性行为的根本原因是什么,无疑都是这样或那样的社会差异的结果。

当然,社会差异和相同性只是分析的条件。在所有社会中,社会差别的基础都是相同的:即每个人都是构成社会的一分子。在此意义上,个人间是没有差别的,因为分工的主要特征是按照不同的社会功能通过各自努力形成的一种合作形式。也许有人会说,社会相同性是最基本的,社会差别只存在于具有相同性的社会中。基于这个原因,要使所有人在社会中都发挥同样的作用是根本不可能的。若是可能的话,那就意味着要个人完全独立生活,互不依赖,也就是说社会也就不存在了。因此,既然社会既有相同又有差别,而且在个人看来社会差异现象比相同性更明显,就必须给个人安排承认他们相同性的机会,若有可能的话,平衡他们的不平等地位。社会分工越复杂,越是迫切需要维持个人间的相同性。社会的整合更多地依赖于对这种相同性的承认。

通过做摆,个人被平等地团结了起来,所有的社会差别被消灭了。佛祖对任何人都是一视同仁,他明确为得到天上的宝座制定了适当的规则,这些规则不仅对每个人都是公平的,而且防止了投机。若一个人,不管他是谁,只要他按照佛祖规定的程序履行了自己的义务,他就确保了自己天上的宝座。在现世,无疑存在诸多的差别,但在他们生命历程的终点,人人机会平等。对于那些急于消灭社会差别的人来说,这不失为一条最方便的路,在这路上没有优先权和优惠待遇可以依赖。假若一个人肯努力的话,不仅可以求得与别人相同,甚而还能压倒一般人世间具有特权的人。

在现实世界里,源于社会体制的差别在做摆的时候几乎完全被消灭了。贵如土司,他也得和众人一般登门向主人道贺;不管地位多低的人,只要做摆,就一样可以受人的叩头。当然,穷人必须辛苦劳动,赚钱来做摆,不过富人也一样。巴嘎的称号取代了所有社会差别,使个人处在了一个贫富都基本一样的处境中。巴嘎作为社会一员,一生做出了最大努力,正是由于个人的这种努力,使社会得以维持。巴嘎的称号不会给摆夷带来明显的经济或政治利益;那些尊敬巴嘎的人,既不是畏惧他的权力,也不是想从他那里得到什么好处,他们的尊敬就像观众给按照既定规则赢得比赛者的掌声一样。

摆在摆夷的生活中立下了一个在某种程度上超出于私人生活的目标。这目标为个人提供了承认他们的社会相同性的机会,使他们确信由社会分工所产生的差别可以得到补偿。在某种意义上,我倾向于认为摆是一个强调个人相同性的社会缩影。摆不仅是一个当众展示个人平常所为及该以何种理想方式行事的机会,而且也是个人践行理想角色的机会。仪式和程序都是明确规定好的。每个参与者都有特定的位置和指定的工作。年轻人的辅助作用和老年人的领导作用,可以看做是所有社会中老幼间基本关系的范例,在各种摆中都得到了明确体现。最重要的是,它达到了理想效果,使个人真正获得了与他人具有相同性的满足感。摆就是这样发挥了摆夷的社会整合功能。

四

每个社会都有使个人认识到自己与别人的共性的"摆"。消除产生于社会差异化过程中的冲突的方式有许多种,包括制度性的及其他的。更复杂的社会没有这种在摆夷社会盛行的特殊制度,但可以通过其他方式解决问题。

正如涂尔干所指出的,政治思想和组织可以在一定程度上发挥这种社会整合功能,但依靠我们现在的政府,可能得不到完全有效的执行[1]。大家都知道,现阶段民主进步的实质是在个人天生的不平等中建立"一种人为的平等"[2]。有关教育和社会福利的多数组织和制度,其主要目标都是尽可能地给个人施展才能的机会,

---

[1] Emile Durkheim, *La Suicide* (Paris: Alcan, 1897), pp. 446–449.
[2] F. H. Hankins, "Individual Differences and Democratic Theory," *Political Science Quarterly*, 38, 3 (September 1923): 299.

帮助那些天生或人为地处于弱势地位的人们。民主社会的每个公民都拥有对某些事情的投票权,需要投票表决的事情不能由任何个人决定。但是,不论个人投票的最终结果如何,每个选民仍旧相信自己的一票是选举首相或总统的决定性一票,清楚每个国家公民,无论是谁,都拥有平等的选举权。因此,在心理学家看来,选举和议会,除了他们的政绩,也发挥了积极的整合作用,因为他们可能满足了平衡个人在社会中不平等地位的需要。

第九章　社会变化中的摆

上一章得出的结论提出了一个关于社会整合的静态观点。摆是源于特殊社会条件下的社会现象，观察芒市的变化对摆所产生的影响也会对我们有所启发。与大多自然科学家不同，人类学家没有机会做受控实验，但他们可以通过考察带有特殊条件的社会现象随着时间的变化而发生的相应变化，来观察社会的变化。若假定一个特殊的社会现象是特殊社会条件的产物，那么这就是确立摆夷社会中摆与其他社会生活相互关系的唯一可行的方法。为了对摆做动态的分析，下面将考察一下穿过芒市的滇缅公路修建的影响[①]。

一

为了在最近的抗日战争中得到国外援助，中国政府在1940年建成了一条穿越缅甸崇山峻岭的公路。这条新公路的建成，给摆夷社会带来了始料不及的剧变。最显而易见的影响表现在经济方

---

① 本书所包括的时间跨度仅为两年。本次调查始于滇缅公路刚刚建成时，但它一直没有被完全利用，直到1941年日本诱使法国禁止船只通过越南后。当然，这点时间并不能充分考察这条公路的修建对当地人们生活的影响。尽管时间跨度短，但没人能否认芒市在1940年至1942年间所发生的明显变化。因此本章所用的"变化"一词是相对的。它仅仅描述了芒市1942年与1940年开始本次调查时的对比情况。

面。但应该指出的是,滇缅公路的开通绝非是使摆夷与外界发生联系的唯一因素,因为此前摆夷并不乏结识外来者、内地人和缅甸人的机会。如前所述,他们穿越缅甸边界去购买做摆的供品,将米卖给邻县的内地人。他们去缅甸南部掸邦做季节工,由于种种原因,他们自己也雇用内地劳动者。不过相对来说,在公路修建前,摆夷的社会水平有限。譬如,他们种植的稻米从未运往邻县龙陵以外的地方,劳力实际所到之处也都是交通允许范围之内的地方。滇缅公路不仅带来了使摆夷易于与外界联系的有利形势,摆夷的整个经济活动范围也因这条新公路,而得以大大扩展。

最明显的后果是大量内地人的进入。在滇缅公路开通之前只有极少数内地人在芒市居住。以前,在土司居住的城子,只有两家内地杂货店为当地人提供酿酒、染色等服务。也就是说,内地人所做的生意没有打乱摆夷的生活方式。而且,其他能与当地人联系的内地人只有邻县的龙陵人。在这条新公路开通之后,数以千计的内地人开始进入芒市,带来了新的活动范围。土司衙门的统计显示,1942年初已设立了三十六个政府部门,设立了一个飞机场,两家公立医院,两家银行,四家政府货栈,八家加油站,两家旅馆,十二家饭店,两家理发店,十七家杂货店,还有五家建筑公司。所有这些带到芒市的内地人总数达到一千以上。除了定居的人,还有大量卡车(每天约有两百辆)通过。尽管由于疟疾的威胁,许多人并不想久留,但每辆卡车都必定要停下来休息一会儿,因为这是穿越缅甸边界,到达相距一百五十英里远的保山之前唯一可能停留的地方。

值得强调的是,内地人的涌入并不仅仅意味着人口的增长。他们代表一个新的人群,不仅是指人们来自广阔的地理范围(其他省市),而且是指他们职业的多样性。在摆夷看来,那些坐车来的内地人不是普通的内地人,因为他们能做那么多摆夷做梦也想不到的事情:他们仅用一根小小的针扎入身体便能治疟疾;通过一根细细的线能远距离与别人通话;用个巨大的机器能将山劈开,甚至能经营存钱、借钱的商店。以前,"内地人"一词在傣语中听起来并不友好。若有人同饿色(二十五岁以上的未婚女孩)开玩笑,问她:"你怎么这么早就结婚了?"①她会立即说:"不用担心,我会嫁给内地人。"但 1940 年后他们对内地人的感情逐渐发生了变化。嫁给内地人开始成为年轻女孩的理想,年轻的内地司机在情歌中变成了英雄。土司对此情形有所担心。"若小菩色都想嫁给内地人,"他说,"小菩毛们如何结婚?"滇缅公路修建后人们在态度上的这种变化是十分有趣的,这明显是由于与以前相比,联系的范围变得更加广阔。

  滇缅公路带给芒市的第二个后果是为当地人创造了许多新的工作机会。在公路开通之前,摆夷的经济活动主要是农业。也就是说,他们的资金和劳力主要投在土地上,很少有社会分工。村寨中人人都有足够的技能来谋生。在像那木这样的大村寨中,只有七种专业人员,即银器匠、染匠、酿酒的、木匠、抄经的、巫师和行医的。这些行业几乎是那些不能依靠农业谋生的普通摆夷仅有的出路。此外,他可以在闲时做做雇工或做个小商贩。滇缅公路的开通,为当地人提供了更广泛的工作选择,从而大大改变了他们的观念。越来越多的新行业对他们开放。原因不难理解:像芒市这样的地区,此前并没有充足的、可用于在当前的抗日战争中进行大规

---

① 此处应为正话反说,意为"你怎么还不结婚?"——译者

模运输的设备、设施，建设这类东西是当前最迫切的需要。供政府官员及其家人居住的住房是必需的，弹药库也是必需的，车库和停车场同样是必需的，凡此种种不胜枚举。所有这些建设工作均需要大量的劳力，甚至在工作开始之前，还需要劳力来生产和运输建筑材料。邻县的劳力可满足这个需要，但对疟疾的恐惧和住处的缺乏使得人们很难利用这些劳力资源。因此，当地人是政府部门和私人单位唯一所能依靠的。此外，当地也需要搬运工、佣人、守夜人、信差等。这样大的需求完全吸收了当地的可用劳力。由于种种原因，迁到此地的外地人只能通过土司成为劳工，到了1942年，劳力的缺乏甚至对土司来说都成为一个大问题。

这一巨大的困难，最终迫使土司在1942年3月发布了一条政令，规定一旦治属经他安排得到工作后，就禁止他们变换工作；但这种做法并未奏效。劳力的匮乏刺激了当地人根据报酬选择工作，随后加速了劳力的流动。职业选择范围也大大扩展，摆夷不再仅仅依赖于农业，他们开始在许多新领域里展示自己的才能，不仅是作为雇工，甚至作为政府机关的低级官员。

滇缅公路修建的第三个后果是芒市非法运输的增长。以前摆夷利用积蓄的方式在很大程度上受制于他们的地理环境。正如在第六章所描述的，普通摆夷为扩大资本积累而投资商业经济活动是很困难的，而且也赚不到钱。结果做摆成为消耗剩余产品和过剩劳力的方式之一。随着滇缅公路的开通，整个形势发生了变化。首先，尽管摆夷仍面临着文化差异的不利条件以及其他社会难题，但在很大程度上克服了妨碍当地人从事大规模商业活动的地理难题。他们在从事非法运输方面拥有一定的有利条件，一方面是因为芒市的地理条件为这种新生意提供了便利（从芒市到缅甸边界是三十五英里的路程,需要不到两天的时间);一方面是因为他们是唯一知道走私货物的整个路线的人,因而是唯一能从事这种运输的人。

来自这种非法运输的高额利润无疑刺激了摆夷将资金和劳力投入这种新的投资形式中。诚然,几乎可以说它把整个芒市变成了走私的温床。在1941年9月,我待在那木寨的短短三天里,发现寨里的年轻人都在以这种方式忙碌着。第一天早晨有一队六十三人去了缅甸;人人背上背着一箩米饭,腋下夹着一床红褥。他们欢快地唱着歌走出寨口,其他没机会跟他们一起去的寨民有点羡慕地看着他们。另外一队四十一人是第二天早晨去的。全体寨民都非常乐意做这种生意,因为对他们来说,合法运输与非法运输没什么区别。到处都是非法运输赚钱的传闻,而且绝非只是出于无聊。尽管是夸大其词,不过这类事情确实发生过,与我住在一起的线一巴嘎软木糠的例子将说明这点。他向我展示了他储存在卧室里的60 000盒香烟。五个月前他向朋友借了500卢比,还债后,他在这批香烟上的获利,据他估算,约值1 100卢比。此外,在非法运输开始后,摆夷与邻县的内地人之间原有的经济关系发生了变化。以前,当地人买日常用品都是去集市或从每隔五天来芒市的内地小贩那里购买。就现成的商品而言,内地人是主要的售卖者,摆夷是主要的购买者。但现在,关系反过来了,摆夷成为重要的售卖者,不仅卖给附近地区的内地人,甚至销往更远的地方,这些内地人现在主要依靠摆夷的供应。

第四个后果是谷米价格的飞涨。1940年前一箩米的价格不超过半个银元。而且,如前所述,到处有大量的谷米售卖。1940年后形势则迥然不同了。这是定居当地或只是路过的内地人需要大量谷米的自然结果。此外,不应忘记的是,以前限制当地产品扩展市场的地理障碍,现在大都已经克服了。以前能用剩余谷米换取日用品的仅是有限的地区。交易范围从未超出过邻县的龙陵和缅甸边界的南部掸邦界。滇缅公路的开通,首先为将他们的谷米输出到保山——将谷米市场扩展到 150 英里远的地方提供了机会。同时,既然芒市以水稻种植总量的丰富著称,数百政府官员和数以千计的在百英里内工作的劳力都希望从那里得到供应。这种新需求远远超出了当地产品的承受能力,结果使一箩谷米的价格在 1940 年前三个月里,从半个银元涨到了 4 个银元。价格的飞涨,无疑掏空了所有能卖到市场上的储备粮。每个街期早上,通衢上都挤满了赶着牲畜驮着谷米去城子售卖的男女。有时,像在 1941 年夏,当地的谷米供不应求时,芒市的政府机关无法得到他们所必需的谷米,只好去他处,甚至去保山购买。这种情况持续了两年,直到 1942 年 5 月中国军队从缅甸撤出。那个月一箩米的价格涨到了 17 个银元。

谷米价格的上涨必然对寨民增加农产品生产形成了一个巨大刺激。摆夷开始把他们的土地看做是赚取更多钱财的一种手段。如前所指出的,1940 年前,春种在芒市并不普遍。有的寨民可能在部分土地上种点豌豆、蚕豆用于自家消费,但多数人在冬季让土地休耕,尽管云南西南端那时的条件最适合种些温带的特殊谷种,且邻近地区的人们已经广泛采用这种做法好多年了。冬小麦的种植在 1940 年第一次引进到芒市。最初由土司引进,其用意在于为按照他的建设规划建立的新面粉厂供应小麦。他先供给寨民种子,承诺作物会免税,并会以协议价收购。受此鼓励,那木部分寨民开始将小麦作为冬播作物种植,到 1941 年尽管征了税,但寨里小麦的种植还是普及起来了。而且,值得注意的是,某些传统作物,譬如蚕豆、豌豆,逐渐不再种植了。在那木寨所做的一个调查显示,1941年种植春季作物的91家中,有74家种植小麦。有趣的是将此与上一年相比,上一年有36家种植春季作物,其中25家种豌豆或是蚕豆。这样的变化表明,寨民们已开始根据市场需求来规划他们的种植。

经济作物的出现还表现在西红柿的种植上。在芒市,与在云南大多数地方一样,过去人们都认为西红柿是有毒的。直到沿海各省人口的到来,才使人们摒弃了这种观念。当内地移民发现芒市野生的西红柿,并请当地人去采集时,突然就有了很好的销路。直到1941年12月的一天,有个寨民来走访我,我才知道这个。他告诉我,他听说西红柿在市场上很畅销,可他找不到种子。一个在土司衙门工作的寨民告诉他,土司衙门的庭院里种着很大的洋种西红柿,他希望我能帮他弄到种子。此后我才开始意识到西红柿在当地市场的出现是最近的事,发生在不到一年前。

谷米价格的上涨,加上其他因素,使寨民重新思考他们土地的价值。这从大量提交给土司衙门讨论的有关土地买卖的案例中可以看出来。尽管芒市的土地所有权名义上归土司所有,寨民只有耕种权,但事实上他们从没被禁止利用这个权利来获得抵押贷款。据土司衙门文件判断,过去这样的交易并未引起争议。研究滇缅公路开通前五年的法庭记录,我没发现一起关于土地买卖的争端,但在滇缅公路修建后,法庭上这样的案例明显增加。争端大多是关于从当前值到过去值的价钱转换,因为当初的土地买卖被看做是紧急情况下筹钱的一种手段,且每张期票上清楚地标着中文"银到田归",意即无论何时还钱,土地都应该立即还给借方。这句话在以前实际上是毫无意义的。一旦得到了贷款,很少有借方愿意或是能够赎回土地。但自从新形势大大增加土地的价值后,出现了家家都想赎回抵押土地的趋势,不管这个交易是发生在多久以前。由于期票标有允许赎回的语句,贷方很难拒绝。双方不愿决定的最后一点是如何还钱,因为多数情况是在前清王朝时借的,当时的货币体系是以银两为基础,现在他们要求土司解决怎样以现币还钱的问题。应该提及的重要一点是,尽管这种赎回的案例开始出现在 1941 年夏,但后来在贵族与他人合办的一个专门的放贷公司的推动及鼓励下,迅速多了起来。下一节将具体讨论这个问题。在 1941 年的最后三个月里,除了村寨头人解决的,还有 54 个案例提交法庭讨论,这是滇缅公路修建后土地价值变化的明证。许多寨民告诉我,他们从未想到谷米能卖这样的价格且有这么好的销路。

二

上述的经济影响可以看作是滇缅公路修建的直接后果,不过同时也有政治上的变化。以前,统治芒市的是土司,辅以有相当权力的贵族。政治权力是至高无上且世袭的,仅由与土司有血缘关系的近亲家庭继承。社会分配中的特权也是由土司控制。因此,在这样的条件下,平民很难提高社会地位。滇缅公路的开通大大改变了这种形势。首先,土司不再是至高无上的统治者。在中国新的政治体制下,任何政府当局的地位都高于土司衙门。因此,一个平民,只要作为低级官员在政府任职,就可以获得以前只有贵族才能得到的社会地位。由于这个原因,土司的政治权力已被大大削弱。下面的例子解释了一个平民是如何在这条新公路开通后的极短时间内提高他的社会地位的。

这个平民名叫囊文新,是一个能干但长期不为贵族赏识的年轻人。他早年没有机会在土司衙门做事,只好在城子里当个小商贩做点生意。但当政府机关迫切需要当地工作人员时,土司衙门再也不能将其拒之门外了。他最初被土司推荐到滇缅公路局做翻译,最终靠自己的才能升到了高位。我发现许多在土司衙门供职的贵族似乎都很嫉妒他,因为在他们看来,一个平民在本身地位高于地方行政的中央政府任职是不合适的。有一次,当囊文新作为公路局的代表,来监督土司衙门的某个建设工作时,一个官员就表示了他的不满,说:"只有像这样的混乱局面才可能使像他那样的普通人在机关中拥有比我们高的职位。""正常情况下",他接着说,"他只会在寨里拾粪"。这样的例子很多,表明人们逐渐摆脱了土司当局的束缚。

再者,新经济活动的发展壮大,甚至使平民也能大规模地做生意。他们可以通过致富提升自己的社会地位。这种新形势无疑刺激了贵族的贪婪,使他们从政治统治转向经济控制。这一点我在后面会谈到。芒市所发生的变化如此之快,以致土司衙门很难同步加强对其控制。因此平民积累财富的机会很多。经济优势和特权不再只属于贵族。下面两个暴发户的故事在芒市家喻户晓。一是关于一个住在城子的农民。他的女儿嫁给了一个在政府机关做事的内地小伙子。通过他女婿的建议以及与政府官员建立的联系,他开始从事非法贸易,并与政府官员签订合同,承包建筑工程。据说1941年他已积累了60 000卢比的财产。

滇缅公路的开通带给芒市平民前所未有的享乐机会。当地人的日常生活不再仅限于传统模式。只要有能力支付,市场上有各种各样的消费品可以购买。所以,这个老农在暴富后,开始不时地穿穿欧洲服装,并自建了一所半欧洲风格的新住所,完全不管其难看的外观。他还拥有六辆卡车和一辆汽车。据我判断,他的生活在许多方面比土司的小弟更奢侈。芒市的平民想如此迅速地得到这么大一笔财产,在以前的任何时代都是不可能的。他无疑引起了贵族的嫉妒。

另一个暴发户是土司父亲以前的佣人。他许多年之前去了缅甸,在新威(Hsin-wi)银矿做了相当长时间的苦力。他是一个老练的赌徒,并因此赚到了钱。滇缅公路开通后,无人晓得他做过什么,也许是与鸦片运输相关的事。然而,他的非法所得使他成为芒市的大富翁。他妻妾成群,在中国和缅甸都有多处房产。他住在腊戍,偶尔探望一下芒市的妻子。他每次来,贵族们都会因他的豪华轿车受到刺激。甚至他们自己的车都是靠他买来的(也许这是他的生意之一)。值得注意的是他在贵族中的地位。一般而言,一个人一旦做过老土司的佣人,不管他变得如何富有,其地位是固定不变的。现在形势则不同了,因为贵族们不能处处保持他们较高的社会地位。他们还发现自己在很多实务上不得不求助于他,比如像在仰光买汽车。于是迫于无奈,他们极不情愿地来平等地看待他。他们认为,这个年轻的暴发户应该牢记他以前的身份,始终尊敬他们。遗憾的是,这年轻人对他们并不客气,言语冒昧,有时甚至是有意冒犯。有一次,当谈到某个贵族时,他尖刻地把贵族描述为"过时的人"。为了支持自己的观点,他还讲了许多有关他们蠢行的可笑故事,不顾有两三个年轻贵族在场。不少贵族向我哭诉了自己对他的无礼的烦恼。但我所能讲的,只能是他们无法限制他,因为他是完全不受他们控制的。土司母亲对佣人仅仅靠变富就能与主人平起平坐的事非常生气。有一次,在一个王室的婚宴上,我注意到她故意对这个从前的佣人态度很差,使他整晚在饭桌上都非常尴尬,与他以往的言行相比,他看起来很含蓄,甚至是紧张。他的太太,也被弄得在其他客人面前感觉非常尴尬,突然不告而别了。

但不管贵族对他们的看法如何,新的社会阶层正在逐渐显现。贵族不再是唯一拥有较高社会地位的阶级。

也许应该指出的是,贵族们也有意根据变化的形势来调整他们的统治方式。不过在权力上,他们永不会放弃自己的特权。由土司发起的一个农业救济公司,是为贷款给在当时极其缺乏资金的寨民而建立的。这个公司的股东包括贵族、土司衙门的官员和富有的村寨头人。有些甚至是利用珠宝首饰入股的女人。根据公司章程,每股价值100个银元。公司在1941年初发行的1 000股,到年底增加到了3 000股。它的主要目标是以较易接受的条件贷款给寨民:100个银元的贷款,从贷款日开始连续五年每年还50箩谷米。按照1941年4月的谷米的价格,这意味着公司将会在五年内每年收到50个银元。接下来的每一年这个数字都在增加。到1941年底,100个银元贷款的利息已达到了100%。由于谷米价格的上涨,寨民开始怀疑从公司贷款是否有利可图,常常宁愿将剩余的谷米在市场上出售也不愿贷款。由于这个原因,公司只得在1941年底改变它的经营方式,开始运用政治权力加经济影响的方式来鼓励寨民从贷方赎回他们的土地。土司衙门采取的第一项措施是规定不同货币体系在不同阶段的法定交换率。这样的决定对所有用土地抵押贷款的借方无疑是一个极大的刺激,公司因此出现了前所未有的兴旺。

分析滇缅公路开通后产生的这种新经济组织,有两点重要意义:首先,芒市的经济活动和政治权力,在过去从未像现在这样紧密地联系在一起。在某种程度上,土司的统治重点从政治统治转向经济控制。土司衙门变成了一个商业公司,比以往任何时候都忙了。在1941年,官员们每个街期都有十个左右有关土地买卖争端的案子。有时他们一天会工作九个小时,这在以前的土司衙门是非常少见的。这么多加班该做何解释?政治控制的加强明显不能解释这一点。政治权力仅仅成为追求经济利益的一种手段。这个公司是芒市经济活动已具有更高组织性的最好象征。通过它,将闲置的资金调动起来并加以利用;因为它,农产品逐渐集中于少数人手中;最后由于它,一个建立在经济地位基础之上的新社会阶层正在形成之中。

三

滇缅公路的开通也间接地带来了摆夷社会价值的变化。多年来根深蒂固于他们思想中的理想开始受到质疑。据其日常谈话判断,他们的价值观似乎已被新形势所修正。土司曾多次告诉我,一直做土司让他常常感到非常厌倦。他曾说过,有那么多其他有意义、有价值的事可以做。譬如,他宁愿去做生意,因为这样不仅会得到日常生活必需品,而且还可以为将来提供美好的前景。在他看来,土司永远不能对治属表示真正的友好,除非他在生意上非常成功,一个贫穷的土司所做的改革只不过是苛税的一个托词。他常常引用我的研究工作来强调他的论点。一个田野工作者如果经费不足,他就会发现与不熟悉的人打交道太难了。只要有可能,他就会努力使他的同僚相信,现代的摆夷社会只能建立在商业基础上。他希望官员们和村寨头人能树立一个供普通人学习的榜样，几年内能有足够的资金在芒市建立几个工厂。为了使他的侄子全心做生意，有一次土司甚至想收回他封给侄子的名号，但被制止了。

另一个例子是那木寨的大佛爷对弟子的态度变化。以前的冢房里，大佛爷有十四个弟子。1941年3月，有两个突然跑掉了。消息迅速传遍整个寨子，大家都在对此说长道短。最初他们怀疑年长的那个一定是与一个姑娘私奔了，但本村及邻村都没有姑娘失踪。这件事在近两个月里始终是个谜，后来听说年长的那个成了小商贩，年轻的那个作为"jump boy"出现在一家运输公司。两人都在两个月内去过仰光、昆明、昆阳（Kunyang）①等几处地方。大佛爷自然有点恼怒，因为他们没有告诉他想去干什么。我听见他指责两人无视佛教戒律。六个月后，我参加了烧白柴仪式，参加的人很少，事后我和几位老巴嘎留下与大佛爷交谈。其中一个小和尚说，只有约八十人参加，且多数是女人，并评论说与上一年三百人参加相比是何等差劲。巴嘎们一致认为，那么多寨民去缅甸做生意，从而使留下来拜佛的人很少。听老巴嘎们说完后，我以为大佛爷会利用这个机会来表示他对寨民的不满，但出乎我的意料，他似乎不仅不关心，甚至认为走私有利可图。他无动于衷地说："嗯！攒钱根本不是坏事，如果他是用来行善的话。"他的话让我十分惊讶，甚至以为他是在开玩笑，因为我曾听到他对弟子逃跑的责难。但据我判断，事实并非如此。后来，据别人所讲的，我才意识到这是他的真实看法，因为大家都知道，从去年年底开始，他一直

---

① 此处可能是"贵阳"之误。——译者

在与逃跑的弟子合作。

四

最后一个问题是在迅速变化的形势下,摆所发生的变化。正如前文所证实的,这种取决于某种地理环境和物质发展的社会安排,会伴随着一定社会价值和思想的变化而变化。察看前面的分析,很难否认摆的活动已经历了前所未料的变化。如果一种社会现象不只是历史偶发事件,且特定的社会环境是其发生的必要条件这个假设中有什么真实的地方的话,那么,自然会认为摆的活动必定发生了一定的变化。遗憾的是,由于本次调查的时间跨度太短,且有"时间误差"的概率,因而将其作为滇缅公路的修建对摆的影响是不充分的。尽管如此,但似乎可以说已出现了芒市人民不再将摆看做他们生活的中心的趋势,做摆的热情似乎正在逐渐减弱。

1941年有七家做大摆。我努力去发现谁会是下一年的男女主人翁,以便特别注意他们的背景及其事先的准备工作。寨里当时有许多传闻,最后有三家决定明年做大摆,五家有此意向,但还未决定。三家已决定做的是囊家、孔家和金家。囊家是干尾——包括五个村寨的地区头人的助理的大儿子。他已故多年的姐姐曾是现任土司的小妾。囊家拥有一块大约能种植五箩种子的土地,已经做过一次大摆。孔老头则在寨里以勤苦劳作闻名,他自己没有土地,但他及其长子是寨里唯一的土司家的私人租户。他们的土地是由现任土司及其兄长开垦的。由于土司及其兄长的地主身份,结果孔老头及其长子,除了向他们交租外还要被迫向土司衙门交官租。孔老头估计,两份租加起来差不多达到他们总产量的

66%。孔老头的土地(能种十箩种子)为现任土司所有,他儿子的土地为土司兄长所有。由于地租太高,因此,孔家的地位并不比做工的高。他的三个已成年的儿子仍然与他住在一起,由于没有足够的钱做大摆,他让大儿子来帮他。金家是寨里的老辛,自己拥有大约能种十七箩种子的土地。在寨民看来,他不仅是个非常富有的人,而且是寨里最能干的人之一。他的父亲是个有名的巴嘎,因做过六次大摆而出名。可他自己至今还没做过一次。他告诉我,由于那将是他第一次做摆,他必须提供些特殊的供品。在1941年我离开那木前,与他交谈过好几次,因为我很幸运,在逗留期间与他建立了极好的关系。从谈话中他的渴望判断,我猜想明年的摆会很奢华,并答应他到时尽力回来。在我1941年12月第三次去芒市时,非常意外地在土司衙门受到了金老辛的来访,他问我哪儿能借到钱。这次不像我所猜想的,为了奢华的摆,因为当我询问即将要做的摆是否很贵时,他回答说他已经放弃做摆的想法很久了。他告诉我,他需要钱做大买卖。我从他那里得知,从夏天传出城子会遭日机轰炸的传闻开始,小二(土司运输公司的一个司机)和他妻子已经撤到那木与他住在一起。在这个年轻司机的鼓动下,自己已同他一起做生意,并赚了不少钱。金暗示说,现在的生意也值得一试。有趣的是他好像已完全忘记了自己以前做摆的打算。在他来访的最后,我问他这样做的原因,他回答说他永远不会忘记行善,但不是在那个特殊时期。他的观点与我所熟悉的土司的观点完全一样:他希望赚钱是为了用它来行善。金确信如果他能赚更多的钱,他愿意做些事情,像用石头铺设寨里的通衢等作为他做大摆的功德。我从他那里还得知,孔老头也已改变了想法。遗憾的是,我再也没机会听到这个勤劳的老人本人的解释,因为尽管我再次去拜访了他,但他和儿子们都不在家,邻居告诉我,为了使别人能自由地去缅甸做生意,他们正在外面做工。

1942年,那木寨最终只有两家做大摆。我当时回寨里了,不过只待了一下午。做摆的一个是去年已决定做的囊家,另一个是去年秋天意外发了一笔财,最后才决定做的李家。脚鼓敲的仍然是去年的老调,尽管有些我认识的小菩毛因为生意缺席,但大多数还在那儿,且看起来像以前一样高兴。身着传统服装的小菩色多半漂亮依旧,就我所见,唯一的变化是其中的七个开始穿高跟鞋了,这在寨里是不常见的。

仪式本身似乎根本没有变化。但正如我所说的,一种以不同的方式看待摆的趋势正在出现,正如在金家的例子中明显表现出来的,在孔家可能也有所体现。这种趋势只是刚刚露出苗头,唯有时间能告诉我们最终会发生什么。

译者后记

本书作为"复旦百年经典文库"中一种,于2015年8月由复旦大学出版社出版后,自己感觉译文还有值得进一步推敲的地方。于是在接到此书将出版单行本的通知后,立即着手对照原文进行仔细校对,同时查阅相关的研究成果,以便能更好地理解田先生关于社会学和人类学的思想。

田汝康教授《芒市边民的摆》一书,曾于1946年由重庆商务印书馆出版,2008年由云南人民出版社再版,通过这部田先生于1940—1942年间在芒市那木寨所做的田野调查报告,使读者对芒市边民的"摆"这个宗教仪式有了比较深入的了解。但田先生对此课题并未放弃做进一步研究的努力。在原书的基础上,他又进行了更全面、深入的研究,于1948年写成博士论文 *Religious Cults of the Pai-i along the Burma-Yunnan Border*"(《滇缅边地摆夷的宗教仪式》),从而获得了伦敦政治经济学院的人类学博士学位。38年后,论文经修改于1986年在康奈尔大学出版社出版。遗憾的是,此书一直未有中译本面世,今本人有机会将田先生这一中外学术界一致公认的最具影响力的学术专著介绍给读者,倍感荣幸。

与《芒市边民的摆》相比,《滇缅边地摆夷的宗教仪式》虽然在章节上变化不大,但在内容上却有很多的修改,比前者有很大的拓展,主要体现在以下几点。

1. 语言表述更加简洁

如在描写"公摆"中的"干躲摆"时的仪式,前者除了讲干躲摆与老年人为主角的其他摆的两点不同之处外,还进一步总结:"总之,根据所有的情形看来,青年进冢房干躲是一件特殊的事情、特殊的行动,仪式上尽可以随便些。我们可以把冢房比作一所机关:老年人算作这所机关的直属部下,而年轻人算是不受这所机关直接管理的民众。假如这两种不同身份地位的人同时来会见这所机关的主管人,在礼节上多少总有些差别。直属部下自然必须按照一定的规矩程序,普通一般民众就可以避免这样麻烦的手续。反过来主管人员对于这两种人应付的情形也不同,尽可以声色俱厉直斥你的部下,而对于不归自己直接管理的民众,他的地位虽然低,无论如何你总得客气一点,因为他是外来的'宾客',与你的部属地位完全两样。"而本书只是简单地将其归纳为一句话"总之,干躲摆被认为是属于特殊情况,是属于青年人的宗教生活计划之外的,因而不是那么重要,仪式也就不那么复杂。"类似这样的情况在本书中随处可见。

再如"分析和比较"一章中"意念"一节,在分析摆与非摆活动中所表现出来的意念的区别时,《芒市边民的摆》中表述为:

> 在摆中,大摆和合摆希望的是一种来世渺茫的报酬,至于其余四个摆,则并不有什么祈求。从表现出来的目的看,有的不外一种纪念某种事体的性质,有的则根本可称为出自习惯的影响。彼此间虽各有歧异之处,若将全体合拢起来看,则歧异尽管大,而歧异中也有相同之处,这种相同就是这套意念

中,并不包含什么实际的利益。不只参加的得不到什么实际的好处,就是花大量金钱来做大摆的,表面上个人所能看见的仍是一个空虚的头衔。要在摆中找寻什么好处,那好处仅有一种心理的快慰而已。现实生活里的利益,并不是做摆的人当时所计及的。非摆活动则依靠在一种实际的利益上。每一个活动都可以使人看见有一个具体的结果。烧白柴可以使地气回转,泼水能令人免除病痛,祈小社护一乡,与大社修好护一境,汉辛弄会得到消灾免难的好处。这些结果,都是具体的,现实能够看见的。自然,这些结果也未必真能达到,一样只是心理上的一种安慰。但是安慰与快慰在心理状态上并不相同,两者并不能相提并论。安慰是有所为而发,空头的支票应有一张,这张空头支票是与现实生活联系的,因为有一张空头支票的缘故,所以大家不只有所期望,甚而对于某些事物或者还会另有一种壮胆的作用。快慰就不同了,快慰是心境上一瞬的转变,而且时间极其短促。这种心境上的转变,对于现实生活并不有什么好处,也不会令人别生希望,壮胆更谈不上。但是我们却并不可以藐视这种快慰的性质,它虽然不能使人从现实生活中获得利益,而在精神生活上却可以令人重新得到一个指示。这种指示的效力,这种指示维持精神生活的时期,我们虽然没有测量过,不过我们确信它决能超过心理安慰在实际生活中的价值,而且是大量超过,所以我们可以说安慰是同凡界相伴的心理状态,真正的神灵境界,还要算心理的快慰。因为同凡界发生关系,就生出了实用的目的,就可以计算得失,而这些凡念在纯洁的心境中有时却必须要完全加以铲除,心灵才能达到一种最高的境界,所以超凡入圣是摆的一大特征。

而本书中则是这样表述的：

> 在大摆与合摆中，希望得到的是精神上的而不是物质上的回报。即使花大量金钱来做摆的男女主人翁，得到的也只是一个头衔。其余四个摆，或是某些特别事件的重演，或是习俗所定的模式，不会给相关的人带来任何物质或实际上的好处。用意识形态的术语来讲，摆的价值可以用心理上的满足感和愉悦感来评价，而正是在这种背景下，必须要探究一下摆的基本特性。
>
> 另一方面，非摆活动的意识形态背景，则直接与期望从庆祝活动中得到实际好处密切相关。烧白柴是为了使地气上升，泼水是为了消灾祛病，祭社、祭大社、汉辛弄都被认为是能使个人或全寨消灾免难的有效手段。每一种非摆活动都对应一种特殊的"免疫力"，作为一个整体仪式的作用，便是使社区对它处理不能为人类所控制的灾难的能力产生一种信任感。也就是说，这在心理上与做摆中所表现出的强烈的快慰感完全不同。

可见，在本书中田先生不仅表述更加简洁，而且想法也稍有改变。

2. 将原"导言"改成"引言"，内容更加详细

《芒市边民的摆》中，对摆夷和芒市的阶级和宗教状况的介绍及其写作缘由是放在"导言"中的，比较简单，只有二千余字。而在本书中，田先生先是在重新写的"导言"中分析什么是摆，引出本书

的研究内容；然后将原"导言"部分内容纳入"引言"作为第一章，但内容更加详细了：对傣族的起源及分布、云南现存掸邦的地理位置及土司都做了简单介绍，指出本书所关注的区域，说明自己选择芒市作为田野调查的原因；接着介绍了芒市的历史、土司制度、阶级、宗教状况等，使读者对芒市能够先有一个大致的了解。其字数比原"导言"增加了三分之一。

3. 对部分注释进行了调整

注释中除进行必要的修正外，还增加了不少注释。如《芒市边民的摆》的"导言"部分只有5条注释，其中4条英文、1条中文，而在本书的"引言"中有19条注释，增加了9条外文和5条中文注释，增加了"Contribution à L'étude du system phon étique Langues Thai""The Introduction to A Shan and English Dictionary""Grammar of the Shan Language""The People of French Indochina""Gazetteer of Upper Burma""Siam, Smithsonian Institution""The Language of China Before the Chinese""The Cradle of the Shan Race""Historical Sketch to the Shans""The Early Laos and China""The Shans""The Formation of the Chinese People""Nan-Tchao-Ye-Che, Histoire Particulière du Nan-Tchao""A History of the Southern Princes, in Kweichow and Yunnan Provinces""La Province Chinnoise du Yun-nan""The Genealogical Patronymic Linkage System of the Tibeto-Burman Speaking Tribes""Cultural and Geographical Observations in Tali (Yunnan) Region with Special Regard to the Nan-Chao Problem""The Tower of Five Glories""The Old Thai or Shan Empire of Western Yunnan""Yunnanese Images of

Avalokitésvara""La Situation au Territoire Frontière de Teng-Yué et Simple Entretiens Sur les Marches Coloniales"等21篇（部）英文和法文的论文或专著的参考引用内容。中文文献方面则增加了对陶云逵的《几个云南土族的现代地理分布及其人口之估计》和《云南摆夷在历史上及现代与政府之关系》以及《云南通志》的引用。另外还增加了对汉族与傣族之间关系的解释。这些注释的增加使田先生的论证更加充分、更有说服力了。

再如"大摆"一章，《芒市边民的摆》中对"大摆"的注释只是简单的"来自缅语，意即集会"。而在本书中则修改为：

> 大摆的思想主要是起源于佛教。根据这个教派的教义，一般人是不可能成佛的，但如果在他有生之年，能够一心向佛、行善，尤其是给寺庙进贡，这样，在他死后，他就可能进入到西方极乐世界。人们的这一热望逐渐发展成了天堂和地狱的观念，对谦卑的狂热以及对慷慨的极力褒奖。关于大摆的信仰明显源于这点，尽管它们无疑也混有当地的传统色彩。摆的起源尚不可知。然而，在缅甸钦山也举行过类似的摆（见 H. N. C. Steveson, *The Economics of Central Chin Tribes*, Bombay: Times of India Press, 1943, pp. 156-82）在缅甸的掸邦，每年收获后都会举办一个丰收庆典，叫做"八夜摆"。这个摆会持续四五天，并伴有在西方称为'集市'的所有活动。不过，今天，他们主要的兴趣是在赌博上。

此处的注释可以使读者更好地理解大摆。

再如增加的对"佛""大佛受难""佛历"等的解释，可以使读者更好地理解大摆、公摆和其他有关超自然信仰的团体,如干躲摆、烧白柴、泼水和祭社等。

再如"消耗和工作"一章,《芒市边民的摆》中有 12 条注释,而本书增加到 28 条。增加了不少对英文著作的引用,同时增加了对计量单位的解释。这些注释使田先生的分析更有说服力,也使读者更容易理解。

4. 增补了部分表格

仅在"消耗和工作"一章中,图表就增加了三个,如"表 6 芒市的月均温度(℃)(1939—1940)"等,使今天的读者对以往芒市的气候以及自然条件有了更多的了解。"表 8 那木寨民需要谷米的分析",根据那木寨不同年龄和性别的比例,折合成壮丁数,算出每年需要的谷米总数,同交租后的那木全寨的谷米数一对比,就很容易理解摆夷消耗的可能性了。"社龄结构"一章中增加了"表 10 摆与社龄结构的关系",在对社龄结构的四个阶段进行分析之后,再通过表格中的各项具体内容,可使读者更直观地认识摆与社龄结构的关系。

5. 删掉了"宗教和巫术"一章

《芒市边民的摆》将"宗教和巫术"作为单独一章,先介绍了 Malinowki 关于宗教和巫术的性质和特征,然后对摆和非摆活动进行分析,得出"摆可以算做一种纯粹的宗教活动",而非摆活动则只能是"掺杂宗教要素很强的巫术活动"。而在本书中只是在"分析和比较"一章中提到"摆与非摆活动的区别在一定程度上相当于宗教与巫术的区别",但"不能用要么是宗教、要么是巫术这种简单的二分法来区分摆与非摆,它们之间的界限要模糊得多,前者拥有更多宗教成分,而后者则拥有更多巫术成分,是一种巫术性质的宗教"。最后简单介绍了夷方坝的两种纯巫术活动——僻魄的信仰和放盅,写得比较简略。田先生之所以要删掉这一章,个人以为,他是经过深思熟虑后才做出的决定。因田先生认为,既然"不能用要么是宗教、要么是巫术这种简单的二分法来区分摆与非摆,它们之间的界限要模糊得多",两者间更包含对方的更多"成分",说明田先生对这个问题的研究更加深入了,但在理论上,尤其是无法区分两者之间的本质究竟有什么不同的情况下,最后决定还是删掉比较稳妥,表明田先生作为一个求真的学者实事求是的作风。

6. 将"消耗和工作""社龄结构"两章的叙述作了必要的调整,并在内容上进一步充实

如在介绍摆夷社会结构所根据的原则时,《芒市边民的摆》中只介绍了亲属体系和阶级体系,而本书中则在精神权威和性别方面也进行了论证,从而能更确切地得出结论:所有的社会结构原则的运用都是片面的,只涉及摆夷生活的某些方面,只有社龄结构贯穿于整个结构。经田先生调查发现,"摆的突出特点在于它的经济方面",如在1940年每一家的生活费用大约为银币500元(相当于国币2 500元),但做一次大摆的最低费用按当时的水平能维持一个普通家庭的两年生活,甚至婚嫁和丧礼的费用都赶不上大摆。既然如此,摆夷为什么还要痴心地追求做摆,其目的就在于人生进入"第四社龄"时获得"巴嘎"的称号,以保证他来世转换时有一个好运。

7. 对第八章的标题进行了修改

《芒市边民的摆》中第八章的标题为"人格和社会的完整",认为"摆不但组织了个人的人格,同时也组织了社会,使人格和社会都得到了完整"。而本书中的标题则改为"个人的调整机制",通过田先生的"房东线老头""一个女主人翁——金寡妇",还有"我房东妹妹的儿子——小二"几个明显的例子强调了摆对于摆夷个人的意义,可以把摆看做是一个合理化的机制,在个人困惑时可以借此调整自己的感情生活;还可以利用摆来缓和由社会差别引起的冲突。摆使个人获得了与他人具有相同性的满足感,发挥了摆夷的社会整合功能。正如田先生在本节的开头所强调的"天上的宝座在我们看来虽则似乎是荒诞不经之说,可是在摆夷自己却相信这是千真万确的人生归宿"。一语点破了摆夷之所以要做摆的心理作用。

8. 新增了"社会变化中的摆"一章

《芒市边民的摆》只是描述了静态的摆,以"人格和社会的完整"结束了全书,而在本书中除了描述静态的摆之外,又增加了"社会变化中的摆"一章,考察了滇缅公路的修建对芒市摆夷社会所带来的经济、政治和社会价值上的变化,从而影响摆的变化。田先生认为,似乎可以说,已出现了芒市人民不再将做摆看做他们生活的中心的趋势,做摆的热情似乎正在逐渐减弱,但"仪式本身似乎根本没有变化"。

9. 部分思想更加明确

如"分析和比较"一章中的图表"摆和非摆活动的分析"中,"用具"和"费用"栏中的表述有所不同,"意念"栏中"挺塘摆"和"冷细摆"在《芒市边民的摆》中是"无特定目的",在本书中则修改为"强调根据季节变化安排日常生活"和"强调季节变化",从而"揭示出两者之间的相似之处和不同之处"。

最初接受傅德华教授的委托翻译本书时,我心中甚是忐忑,在阅读了田先生的《芒市边民的摆》之后,才有了一些信心。为了能更准确地表达田先生的思想,在翻译过程中,我参考了《芒市边民的摆》一书及学术界关于"摆"的最新研究成果,在此谨表谢意。此外,本书由复旦大学历史系博士研究生马硕同学帮助进行了校对。

现通过与原文进一步的校对,修改了其中部分有欠缺的地方,使译文更加符合田先生要表达的原意。由此我也更加敬佩田先生在社会学和人类学方面为中外学术界所做出的杰出贡献。但尽管如此,由于本人水平有限,译文未免仍有不当之处,恳请各位专家学者斧正。

最后,在单行本即将付梓之际,我还要特别感谢复旦大学原社会学系学术委员主任胡守钧教授在百忙之中拨冗为本书撰写序言。田汝康先生在"四人帮"粉碎后,曾被谢希德校长任命为第一届社会学系主任,相信田先生在九泉之下得知自己的博士论文由复旦大学出版社出版单行本,定会欣慰不已。

复旦大学历史系后学
于翠艳
2016 年 4 月 23 日

图书在版编目(CIP)数据

滇缅边地摆夷的宗教仪式 = Religious Cults of the Pai-I Along the Burma-Yunnan Border / 田汝康著;于翠艳,马硕译校. —上海:复旦大学出版社,2017.11
ISBN 978-7-309-13274-8

Ⅰ.滇… Ⅱ.①田…②于…③马… Ⅲ.傣族-宗教仪式-研究-德宏傣族景颇族自治州 Ⅳ.B928.2

中国版本图书馆 CIP 数据核字(2017)第 237305 号

Title: *Religious Cults of the Pai-I Along the Burma-Yunnan Border* by T'ien Ju–K'ang,
ISBN: 0-87727-117-8
Copyright©1986, Cornell University Southeast Asia Program
All Rights Reserved. This translation published under license. Authorized translation from the English language edition, Published by Cornell University Southeast Asia Program. No part of this book may be reproduced in any form without the written permission of the original copyrights holder.

滇缅边地摆夷的宗教仪式
田汝康 著 于翠艳 马 硕 译校
责任编辑/史立丽

复旦大学出版社有限公司出版发行
上海市国权路 579 号 邮编:200433
网址:fupnet@fudanpress.com http://www.fudanpress.com
门市零售:86-21-65642857 团体订购:86-21-65118853
外埠邮购:86-21-65109143
上海市崇明县裕安印刷厂

开本 890×1240 1/32 印张 6 字数 125 千
2017 年 11 月第 1 版第 1 次印刷

ISBN 978-7-309-13274-8/B・642
定价:32.00 元

如有印装质量问题,请向复旦大学出版社有限公司发行部调换。
版权所有 侵权必究